GRANDES TEMAS DA EDUCAÇÃO

SETE OLHARES SOBRE ESCOLA E FUTURO

Dados Internacionais de Catalogação na Publicação (CIP)
(Claudia Santos Costa – CRB 8ª/9050)

Grandes temas da educação : sete olhares sobre escola e futuro / Allyne Andrade e Silva, André Lemos, Eugênio Bucci, Graça Machel, Jerá Guarani, Ladislau Dowbor, Renato Janine Ribeiro ; organização, Fernando José de Almeida. – São Paulo : Editora Senac São Paulo, 2025.

Bibliografia.
ISBN 978-85-396-5626-4 (impresso/2025)
e-ISBN 978-85-396-5627-1 (ePub/2025)
e-ISBN 978-85-396-5628-8 (PDF/2025)

1. Educação – Finalidades e objetivos. 2. Educação – Filosofia, teoria e aspectos sociais. 3. Educação escolar. 4. Educação para o trabalho. 5. Currículo. 6. Fórum Internacional Senac de Educadores. I. Silva, Allyne Andrade e. II. Lemos, André. III. Bucci, Eugênio. IV. Machel, Graça. V. Guarani, Jerá. VI. Dowbor, Ladislau. VII. Ribeiro, Renato Janine. VIII. Almeida, Fernando José de.

25-2501c CDD – 370.1
BISAC EDU040000
EDU003000

Índice para catálogo sistemático:
1. Educação – Finalidades e objetivos 370.1
2. Educação – Filosofia, teoria e aspectos sociais 370.1

Fernando José de Almeida (org.)
Allyne Andrade e Silva
André Lemos
Eugênio Bucci
Graça Machel
Jerá Guarani
Ladislau Dowbor
Renato Janine Ribeiro

GRANDES TEMAS DA EDUCAÇÃO

SETE OLHARES SOBRE ESCOLA E FUTURO

Editora Senac São Paulo
São Paulo – 2025

Administração Regional do Senac no Estado de São Paulo
Presidente do Conselho Regional: Abram Szajman
Diretor do Departamento Regional: Luiz Francisco de A. Salgado
Superintendente Universitário e de Desenvolvimento: Luiz Carlos Dourado

Editora Senac São Paulo
Conselho Editorial: Luiz Francisco de A. Salgado
Luiz Carlos Dourado
Darcio Sayad Maia
Lucila Mara Sbrana Sciotti
Luís Américo Tousi Botelho

Gerente/Publisher: Luís Américo Tousi Botelho
Coordenação Editorial: Verônica Marques Pirani
Prospecção: Andreza Fernandes dos Passos de Paula, Dolores Crisci Manzano, Paloma Marques Santos
Administrativo: Marina P. Alves
Comercial: Aldair Novais Pereira
Comunicação e Eventos: Tania Mayumi Doyama Natal

Edição e Preparação de Texto: Vanessa Rodrigues
Coordenação de Revisão de Texto: Marcelo Nardeli
Revisão de Texto: Júlia Campoy
Coordenação de Arte: Antonio Carlos de Angelis
Projeto Gráfico, Editoração Eletrônica e Capa: Manuela Ribeiro
Imagens: Adobe Stock
Impressão e Acabamento: Margraf

Editora Senac São Paulo
Av. Engenheiro Eusébio Stevaux, 823 – Prédio Editora
Jurubatuba – CEP 04696-000 – São Paulo – SP
Tel. (11) 2187-4450
editora@sp.senac.br
https://www.editorasenacsp.com.br

[SUMÁRIO]

[NOTA DO EDITOR]

Em quase 80 anos de atividade, o Senac São Paulo se estabeleceu como referência em educação profissional e inovação. Ao longo dessas décadas, a instituição sempre estimulou os debates e as trocas de ideias entre as equipes. O resultado é um círculo virtuoso de preparar os docentes, para então esses profissionais prepararem os estudantes. Mais desenvolvidos, os estudantes naturalmente levam o Senac a se aprimorar, e assim atender às novas demandas desse público que quer continuar se desenvolvendo.

O Fórum Internacional Senac de Educadores é um dentre os vários movimentos que fizemos e fazemos para estar à frente. Agora, parte desse repertório é compartilhado neste livro, cuidadosamente organizado para levar ao grande público as ideias, críticas e propostas de nomes de destaque das áreas de educação, economia, direito e tecnologia, daqui e do exterior.

Com a presente obra, esperamos chegar não apenas a quem está de alguma forma ligado a práticas educacionais. Todos estão convidados a ler as ideias sagazes de um time diverso e que tem a excelência como traço em comum.

A educação de qualidade
é a mãe da liberdade de
pensamento e de escolha,
e opera um passaporte para
a igualdade, a cidadania
e a emancipação.

Graça Machel

[PREFÁCIO]

O INOVADOR FÓRUM INTERNACIONAL SENAC DE EDUCADORES E A “IDADE MÍDIA”

Já faz um século que o Congresso Nacional promoveu uma série de debates sobre a expansão do ensino profissional no Brasil, voltado para melhor atender aos requerimentos do mundo do trabalho nos setores da agricultura, da indústria e de comércio e prestação de serviços, superando a visão eminentemente assistencialista que ainda orientava a oferta da formação profissional com objetivos de “tirar o menor da rua”, diminuir a chamada “vadiagem” ou atender aos desafortunados, que necessitavam vender sua força de trabalho e ingressavam precocemente no mercado de trabalho.* Nesse contexto, em julho de 1927, a Associação Brasileira de Educação (ABE) realizou a Conferência Nacional de Educação, em clima de grande otimismo pedagógico, fomentando amplos debates sobre os ideais da chamada Escola Nova, já aplicados em especial nas escolas primárias e nas escolas normais, estas últimas dedicadas à formação de professores para o ensino elementar. Assim foram aprofundados os debates realizados entre os modelos da "escola tradicional" e aqueles aplicados na Escola Nova, cujos valores verdadeiramente encantavam muitos educadores.

Nesse ambiente nacional propício à expansão dos serviços educacionais, em agosto de 1927, foi criado o "ensino profissional obrigatório nas escolas primárias subvencionadas ou mantidas pela União, bem como no Colégio Pedro II e estabelecimentos a este equiparados",** pelo Decreto Federal nº 5.241/1927. Esse decreto incentivou a certificação da habilitação profissional desenvolvida nas escolas secundárias, assim como estimulou a fundação de escolas profissionais, associado à valorização dos Aprendizados Agrícolas e das Escolas de Aprendizes Artífices e de Artes e Ofícios já existentes, devidamente acompanhadas pelo então Serviço Nacional de Inspecção do Ensino Profissional Técnico, criado em 1926 como órgão responsável por fiscalizar e uniformizar as Escolas de Aprendizes Artífices buscando preparar o indivíduo para as necessidades sociais e industriais da época.

---

* CORDÃO, Francisco Aparecido; MORAES, Francisco de. **Educação profissional no Brasil**: síntese histórica e perspectivas. São Paulo: Editora Senac São Paulo, 2017.

** Disponível em: https://www2.camara.leg.br/legin/fed/decret/1920-1929/decreto-5241-22-agosto-1927-563163-publicacaooriginal-87295-pl.html. Acesso em: 26 jun. 2025.

Esse entusiasmo desenvolvido pelos educadores da época em relação à Escola Nova incentivou o lançamento do conhecido Manifesto dos Pioneiros da Educação Nova, divulgado ao povo e ao governo brasileiro propondo uma "Reconstrução Educacional do Brasil" e argumentando que, "na hierarquia dos problemas nacionais, nenhum sobreleva em importância e gravidade o da educação. Nem mesmo os de caráter econômico lhe podem disputar a primazia nos planos de reconstrução nacional"* Esse manifesto influenciou decisivamente a edição, no ano de 1934, da primeira Constituição democrática do Brasil, de vida efêmera, pois foi logo revogada pela Constituição outorgada por Getúlio Vargas quando da adoção do Estado Novo, em 1937.

O art. 129 dessa Constituição Federal tratou da formação profissional como uma das grandes prioridades nacionais, "destinada às classes menos favorecidas". Com base nesse preceito constitucional e com o apoio dos empresários da Indústria e do Comércio de Bens e Serviços, em 22 de janeiro de 1942 foi criado o Serviço Nacional de Aprendizagem dos Industriários (mais tarde, Industrial), o Senai, pelo Decreto-lei nº 4.048/1942. No mesmo ano, o Decreto-lei nº 4.119, de 21 de fevereiro de 1942, determinou que os ensinos de ofícios existentes no Brasil passassem a ser ministrados por instituições federais, estaduais, distritais e municipais, bem como particulares, que deveriam se adaptar às determinações do conjunto das centralizadoras Leis Orgânicas do Ensino Brasileiro. Finalmente, em 10 de janeiro de 1946 foi criado o Serviço Nacional de Aprendizagem Comercial

* Disponível em: www.dominiopublico.gov.br/download/texto/me4707.pdf. Acesso em: 26 jun. 2025.

(Senac), pelo Decreto-lei nº 8.621/1946,* já influenciado pelos debates da segunda Constituição democrática do Brasil, promulgada nesse mesmo ano de 1946 e que deu origem à primeira Lei de Diretrizes e Bases da Educação Nacional, por fim aprovada em 20 de dezembro de 1961.

No mesmo dia 10 de janeiro de 1946 ainda foi regulamentada a Aprendizagem dos Comerciários, pelo Decreto-lei nº 8.622/1946, a qual foi assumida como a primeira missão do Senac, junto da manutenção, também, da oferta de cursos de continuação ou práticos e de especialização para os empregados adultos do comércio, promovendo o desenvolvimento empresarial dos setores do comércio e da prestação de serviços a fim de colaborar com a obra de difusão e aperfeiçoamento do ensino comercial. As circunstâncias da criação do Senac no ano de 1946, após o fim do Estado Novo e com o reinício do regime democrático, marcaram o DNA do Senac com o signo da inovação.

São mais de sete décadas de história pensando e atuando sempre um passo adiante dos setores da Educação e do Trabalho, formando profissionais e cidadãos preparados para um mundo do trabalho em constante mutação. O Senac desenvolveu, nas décadas de 1940 e 1950, quando poucos pensavam em educação a distância, uma Universidade do Ar, objetivando melhor preparar os trabalhadores para atuação no setor terciário da economia. Desenvolveu, na década de 1960, cursos técnicos e cursos de aprendizagem profissional cujos estudos tinham equivalência com os cursos acadêmicos ginasial e colegial. Desenvolveu, nos anos

* Disponível em: https://www.planalto.gov.br/ccivil_03/decreto-lei/1937-1946/del8621.htm. Acesso em: 26 jun. 2025.

1970, programas de desenvolvimento profissional de trabalhadores e de empresas, de valorização dos profissionais do setor terciário da economia e de Educação Profissional Inicial e Continuada de trabalhadores, orientados por Itinerários Formativos, bem como diversificou sua oferta de cursos técnicos de nível médio, em regime de intercomplementaridade com a Secretaria da Educação do Estado. Desenvolveu, nas décadas de 1980 e 1990, ousados programas educacionais, tais como o de Informática e Educação, o qual recebeu premiação especial do MEC pela produção de inovador *software* educacional. Ainda nos anos 1990, implantou inéditos programas de desenvolvimento de tecnólogos a partir de seus hotéis-escola, como embrião de sua atuação na Educação Superior, até a implantação, nesta virada de século, de um respeitado Centro Universitário, com ampla e diversificada programação de cursos de graduação e de pós-graduação, nas modalidades presencial e a distância.

Neste século XXI, a título de exemplo, o Senac São Paulo firmou-se definitivamente como uma das mais respeitadas instituições de educação profissional e tecnológica, atuando desde a qualificação e a aprendizagem profissional até todos os degraus da profissionalização de trabalhadores. Desenvolve amplos Itinerários Formativos, nos níveis da Educação Profissional Técnica de Nível Médio e suas saídas intermediárias e da Educação Continuada de trabalhadores, tais como Atualização, Aperfeiçoamento e Especialização profissional, bem como no âmbito do Quinto Itinerário Formativo do Ensino Médio, ofertando inovadores cursos de Ensino Médio Técnico e Profissional. Atua também no âmbito da Educação Profissional Científica e Tecnológica, de graduação e de pós-graduação. O Senac é reconhecido pela sua atuação em uma educação profissional comprometida com a constituição de competências profissionais, em termos de desenvolvimento da capacidade de continuamente mobilizar, articular e integrar os diferentes saberes para colocá-los em prática, com trabalhos bem-feitos, em que se aprende a conhecer, fazer, conviver e ser como profissional bem formado. Sua atuação altamente inovadora atende plenamente às determinações do art. 205 da Constituição de 1988, no desenvolvimento de um projeto estratégico de educação "visando ao pleno desenvolvimento da pessoa, seu preparo para o exercício da cidadania e sua qualificação para o trabalho".*

Nesse contexto de passado histórico e de sua brilhante atuação profissional presente, pode-se afirmar com tranquilidade tratar-se de uma instituição educacional que está contribuindo significativamente, nesta "Idade Mídia" na qual nos encontramos, para a passagem da Idade Contemporânea a uma nova era, ainda desconhecida.

Com tal marca de ordem hereditária, o Senac São Paulo vem marcando a sua atuação há mais de dois terços de século. No ano em que o Senac completou 74 anos, 2020, ele deu início a uma série inovadora de Fóruns de Educadores. O primeiro deles, realizado em agosto daquele ano, em plena pandemia de covid-19, nasceu inspirado pelo Patrono da Educação Nacional, Prof. Paulo Freire, segundo o qual "a educação é um ato de amor, por isso, um ato de coragem. Não pode temer o debate. A análise da realidade. Não pode

* Disponível em: https://www.planalto.gov.br/ccivil_03/constituicao/constituicao.htm. Acesso em: 26 jun. 2025.

fugir à discussão criadora, sob pena de ser uma farsa" (Freire, 1967, p. 97).*

Realmente, estamos vivendo uma idade inédita, de verdadeira revolução midiática, que foi abordada com galhardia pelos debatedores nas diferentes edições do Fórum Internacional Senac de Educadores. Um momento histórico que está caminhando para um novo Renascimento ao longo das próximas décadas. Vejo um paralelo profundo entre a chamada "Idade Mídia" e a Idade Média. Entendo que, no período identificado como pertencente à Idade Média, a ação conjunta especialmente desenvolvida pelos professores das universidades medievais e pelos profissionais atuantes no âmbito do Renascentismo cultural europeu desempenhou importantes papéis e contribuiu decisivamente para a travessia da Idade Antiga à Idade Moderna. Esse desempenho dos educadores e renascentistas medievais agora está sendo apresentado novamente como um enorme desafio, agora para os educadores do século XXI, em especial àqueles que atuam nas universidades e demais instituições de Educação Superior com a formação de professores para a Educação Básica e para a Educação Profissional Técnica de Ensino Médio** e seus Itinerários Formativos.

São esses educadores do presente, de olho no futuro, a quem o Senac São Paulo está dirigindo seus inovadores Fóruns nesta década do século XXI, em plena "Idade Mídia", e que deverão preparar os novos trabalhadores para atuação profissional em um mundo do trabalho altamente cambiante,

---

* FREIRE, Paulo. **Educação como prática da liberdade**. São Paulo: Paz e Terra, 1967.

** CORDÃO, Francisco Aparecido. Os desafios do Ensino Médio na Idade Mídia. *In*: FERREIRA, Marieta de Moraes; PAIM, José Henrique (org.). **Os desafios do Ensino Médio**. Rio de Janeiro: FGV Editora, 2018.

com ousadia e determinação para a efetiva integração de conhecimentos científicos e tecnológicos com habilidades laborais.

Essa integração desafiadora deve estar centrada no desenvolvimento de atitudes éticas, estéticas e políticas comprometidas com os valores da cultura do trabalho, levando o indivíduo a respeitar a si próprio, ao meio ambiente e à sociedade na qual vive e atua profissionalmente, e gerando condições de conviver e atuar em equipes de trabalho motivadas para o desenvolvimento do gosto pelo trabalho bem-feito. Essa atitude profissional integradora de saberes cognitivos e socioemocionais torna-se cada vez mais essencial nesta passagem para uma nova era e para a construção de um mundo melhor e mais solidário.

FRANCISCO APARECIDO CORDÃO

**Educador, sociólogo e filósofo,
consultor em educação profissional, administração educacional e sociologia da educação.**

[APRESENTAÇÃO]

Em agosto de 2020, em meio à pandemia de covid-19, o Senac São Paulo realizou o 1º Fórum Internacional de Educadores utilizando-se das tecnologias de comunicação a distância que o momento tão delicado possibilitava. Naquela circunstância, o mundo inteiro buscava formas de manutenção de atividades, de comunicação e de expansões possíveis das relações humanas, diante de uma situação que nos impunha incertezas, medos e tristezas. Uma intensa rede virtual se organizou, trazendo para as telas dos computadores e dos aparelhos celulares a transposição dos limites que a pandemia nos obrigava a ter, e criou assim, ainda que de forma parcial, a manutenção do movimento *de* e *para* a vida.

E foi na unidade educacional do Senac de São Carlos que surgiu a proposta de realização do Fórum, como espaço atento à reflexão sobre as realidades educacionais durante a pandemia, no Brasil e em outras localidades, com convidados também de Moçambique e da Finlândia. Nascia assim, naquela conjunção, o Fórum Internacional de Educadores, como mais um espaço de trocas, de reflexões e de posicionamento do Senac São Paulo como instituição educacional ciente de suas responsabilidades, de seus desafios e de seu papel na construção de uma sociedade fortalecida individual e coletivamente por meio de ações voltadas à ação participativa e à inserção social.

Como instituição de educação profissional, o Senac, que em janeiro de 2026 completará 80 anos de existência, tem tido ao longo de sua trajetória experiências das mais diversas, com ações inovadoras e pioneiras, das quais podemos destacar a Universidade do Ar, lançada em 1947, com cursos a distância via rádio, a instalação de hotéis-escola, a entrada na Educação Superior com o curso Tecnologia em Hotelaria e a oferta de cursos inexistentes no mercado, como Fotografia e Modelagem em Moda, a criação da Editora Senac São Paulo e de três *campi* universitários, a oferta do Ensino Médio integrado ao Técnico e tantas outras possibilidades de formação profissional em suas diferentes modalidades e áreas de atuação. Esses destaques se tornam especialmente importantes no universo educacional brasileiro, no qual a educação profissional foi muitas vezes considerada uma frente de formação apenas tecnicista, de menor quilate e/ou destinada apenas aos mais humildes e necessitados.

Contrariando esse viés limitador, o Senac São Paulo chega no presente como uma instituição democrática, arrojada, arejada, com uma rede de 63 unidades educacionais no estado e milhões de estudantes ao longo de sua história. Não à toa, o Senac São Paulo utiliza a expressão "Jeito Senac de Educar" para se referir aos seus processos de ensino-aprendizagem, tendo o trabalho como meio de formação para a cidadania plena, como preconiza a Carta da Paz Social, documento que funda o Senac nacionalmente.

Nesse âmbito, as edições do Fórum Internacional de Educadores pelo Senac São Paulo tornaram-se ocasiões para aprofundamento de temáticas sociais e educacionais emergentes que nos impactam a todos, seja na sociedade brasileira, seja na esfera internacional, reunindo profissionais, pensamentos, propostas e experiências que buscam responder aos desafios que a grande área de educação tem para si na atualidade.

Da proposta inicial de Márcia Cristina Fragelli, com coordenação de Leandro Nassif D'Arco e Fábia Maria Silva Lins dos Santos, da unidade de São Carlos, o evento expandiu-se interna e externamente, e a edição desta publicação, organizada pelo querido professor Fernando José de Almeida, nos traz uma amostra de sua relevância como espaço aberto de conversas e de formação, com acesso público e gratuito, mantendo o propósito de um fórum. Portanto, faço aqui um agradecimento mais que especial a todos os profissionais participantes de todas as edições do evento, que nos instigam a seguir em frente em meio a inquietações, alguns reveses, incertezas e surpresas, mas com a mente e o coração dispostos, compromissados e muito, muito esperançosos.

LUCILA MARA SBRANA SCIOTTI

Doutora e mestre em educação, Superintendente de Operações do Senac São Paulo.

[INTRODUÇÃO]

SOBRE AGIR NA URGÊNCIA PARA RESPONDER ÀS TRANSFORMAÇÕES

A segunda década deste século XXI começou com inúmeras mudanças e possibilidades. Com a pandemia de covid-19, todas as atividades presenciais do Senac São Paulo foram suspensas no hoje distante 17 de março de 2020, e iniciou-se um novo e incerto processo de ensino-aprendizagem desenvolvido de modo remoto. Esse sistema se estendeu até meados de 2021, quando passou a haver um processo gradativo e alternado de retomada ao então chamado "novo normal".

A realidade imposta pela pandemia exigiu muita criatividade para agir na urgência. Inúmeras ações visando assegurar a formação em serviço de docentes foram pensadas. Nesse contexto, o Senac São Carlos (unidade no interior paulista), em parceria com a sede do Senac São Paulo, idealizou e promoveu o 1º Fórum Internacional de Educadores, a fim de compartilhar experiências sobre as práticas pedagógicas desenvolvidas remotamente. Essa primeira edição ocorreu entre os dias 3 e 8 de agosto de 2020 e contou com cerca de 11 mil pessoas inscritas, de mais de 39 países. O Fórum constituiu-se em seis lives no canal do YouTube do Senac São Paulo.

O êxito desse primeiro encontro levou à realização da segunda edição, no ano seguinte. O planejamento e a execução passaram a ser feitos por grupos de trabalho de diversas unidades do Senac no Estado de São Paulo. O 2º Fórum Internacional de Educadores, entre 2 e 7 de agosto de 2021, reuniu especialistas para falar de educação profissional, inovação e formação cidadã em um contexto de mudanças – afinal, ainda nos encontrávamos diretamente afetados pelas restrições da pandemia.

Em sua terceira edição, o Fórum, já estabelecido como evento de relevo na área de educação (extrapolando a comunidade de alguma forma ligada ao Senac), focou o ensinar e o aprender em uma sociedade diversa e multicultural. Os debates, realizados entre 22 e 25 de agosto 2022, buscaram abordar esses temas sem perder de vista as transformações sociais, mais do que nunca intensificadas após os desafios pelo quais o mundo havia acabado de passar.

Reafirmando o papel do Senac como referência em educação e inovação, a quarta edição do evento, de 21 a 24 de agosto de 2023, contou com mesas temáticas que abordaram direitos humanos; educação profissional na era das novas tecnologias e dos novos formatos de trabalho; educação midiática; e educação decolonial.

A quinta edição, realizada entre 26 e 29 de agosto de 2024, discutiu inovação e ações afirmativas na educação profissional, bem como formas de receber e acolher na formação de educadores.

Sempre atualizado com as demandas da área, o 6º Fórum Internacional Senac de Educadores, de 8 a 11 de setembro de 2025, foi desenvolvido para debater a gestão da permanência na escola.

Essa é a breve história de uma ação nascida em um contexto de desafio absoluto e que construiu um rico repositório de falas e pensamentos de algumas da melhores cabeças do nosso país e de outros também. Repensamos a escola, seus espaços, tempos, currículos e a relação entre ensino e aprendizagem, procurando levar ao público, de forma gratuita, conhecimento de alto nível sobre a educação e sobre como colocá-la a serviço da transformação da sociedade.

MÁRCIA CRISTINA FRAGELLI

Doutora e mestre em educação, coordenadora educacional no Senac São Carlos.

[PARTE I]

EDUCAR PARA OS DIREITOS HUMANOS

AILTON KRENAK, ativista ambiental, escritor e o primeiro indígena eleito para a Academia Brasileira de Letras, no 2º Fórum Internacional de Educadores (2021).

“[Entre os povos e comunidades tradicionais], a ideia da educação é algo que nasce de dentro; é como se ela viesse do fundo da terra. Ela não nasce das nossas elaborações. Ela nasce de um desejo profundo dessa memória, do seu conhecimento do território, desses corpos que têm uma sensível conexão com a paisagem e que só entendem a educação como interação. Interação com tudo: com as árvores, com uma pequena formiguinha que vai da raiz até o alto caule daquela árvore, ou daquela palmeira. É uma experiência de cumplicidade tão sensível que pensar a educação implicaria, na verdade, desarmar todos os intentos de dominação e se abrir para uma experiência desafiadora de conhecer-se e dar-se a conhecer.

[CAPÍTULO 1]

ESCOLA, EDUCAÇÃO E DEMOCRACIA

Renato Janine Ribeiro

DO PRESENTE TEXTO

Fernando José de Almeida

Não se pode falar de educação escolar e cidadã senão como uma dimensão antropológica da sociedade! Ela é uma criação da inteligência humana. É uma construção feita a partir das ações ancestrais em volta da fogueira, talvez nas cavernas, mas também no agito das megalópoles e no interior das narrativas dos deuses, dos heróis e das histórias dos avós, no mobiliário urbano. A educação vem se constituindo como um ato profundamente humanizador.

Educar sempre foi a forma mais eficaz de construir a humanidade e sua sobrevivência digna. Daí a educação ser hoje, mais que nunca, objeto de disputa de muitos setores da sociedade, muito além dos grupos e intenções dos educadores.

Janine Ribeiro, participante da 4ª edição do Fórum, em 2023, e cientista das profundidades da História, da Filosofia e da Ética, nos faz percorrer uma rica história da construção da democracia no mundo ocidental como par inseparável das finalidades da educação.

Essas duas atividades humanas se desenham no contexto da vida como apresentadoras do belo e rico espaço trazido pelas diversidades das pessoas, de suas psicologias, de suas religiões, das cores de suas peles como a própria condição da humanidade.

Janine traz mais.

Sua visão de ciência e das agências públicas que cuidam dela zela também pelas artes e pelas tecnologias como mediadoras da democracia.

E a democracia, filha ainda não formada com total êxito pela sociedade contemporânea, descobre formas possíveis para sua construção e sua reconstrução. A descrição das conquistas pós-Segunda Guerra dos direitos humanos como vetor de convívio e humanização nos apresenta as múltiplas dimensões da democracia. E chega mesmo, nas breves linhas aqui apresentadas, a discorrer sobre novas modalidades de se constituírem os direitos humanos como vivência da democracia.

Sua abordagem é clara quando afirma que, em fase mais avançada, despertam-se e valorizam-se os direitos políticos – ao voto por exemplo, mas também aos direitos trabalhistas, de igualdade de oportunidades e de acesso à educação, entre outros.

Vamos, pois, à leitura.

***

Sou professor de Ética e Filosofia Política na Universidade de São Paulo, atualmente presidente da Sociedade Brasileira para o Progresso da Ciência – a SBPC –, fui ministro da Educação por seis meses no ano crítico de 2015, às vésperas do golpe que fez retroceder nossa democracia, e meu trabalho de pesquisa é essencialmente em Ética e Filosofia Política. Portanto, tudo isso tem muito a ver com a questão dos direitos humanos.

Para falar em direitos humanos, temos de começar pela ideia de democracia. "Democracia" é uma palavra grega, como todos sabem, que quer dizer "poder do povo". *Kratos* é "poder"; *demos* é "povo". A democracia surge na Grécia – ou, pelo menos, o que conhecemos de mais antigo e documentado sobre ela está em Atenas, de 508 a.C. até 338 a.C., quando Alexandre, o Grande, rei da Macedônia, conquista essa cidade-modelo da democracia e põe fim a esse regime.

A democracia que chamamos de antiga ostenta uma grande qualidade: ela é direta. As pessoas se reúnem na praça – basicamente, homens adultos atenienses, excluindo-se mulheres, escravos e estrangeiros – para tomar decisões políticas importantes: fazer guerra, definir prioridades, decidir sobre religião e cultos. O historiador Moses Finley conta que a média de reuniões da assembleia popular de Atenas era de quarenta por ano. Ou seja, uma a cada nove dias, praticamente toda semana.

Comparem essa frequência dos atenienses na ágora – o nome que se dava à praça enquanto lugar de participação, deliberação e decisão populares – com a pouca disposição atual de tantas pessoas para se ocuparem da coisa pública, gente que reclama de ter que votar uma ou duas vezes a cada dois anos, enquanto um cidadão ateniense teria ido à assembleia oitenta vezes nesse mesmo período. Esse é o grande mérito da democracia ateniense.

Mas há algo importante a lembrar: não havia direitos humanos. A assembleia era todo-poderosa. Podia condenar pessoas sem julgamento. Podia decidir sobre matérias que hoje consideramos privadas ou íntimas, como a religião de cada um. Não havia direito de ninguém contra o coletivo.

Damos agora um salto de mais de 2 mil anos, do fim da democracia ateniense, em 338 a.C., até o surgimento das democracias americana e francesa, com as respectivas revoluções – em especial, a americana, em 1776, que abriu lugar para a criação dos Estados Unidos, e a francesa, em 1789, que trouxe à França sua primeira constituição.

Essas democracias modernas, das quais somos herdeiros, têm duas grandes diferenças em relação à democracia grega.

A primeira é que a democracia ateniense era direta, enquanto a nossa é representativa. Não é possível reunir toda a população de uma cidade, ainda mais quando passa de 1 milhão de habitantes ou quando falamos de países extensos como o Brasil. Então, elegemos representantes para falarem em nosso nome. Com isso, surge um problema: o representante está lá para traduzir nossas ideias, mas ninguém controla se ele realmente o faz. Isso lembra o ditado italiano: *traduttore, traditore* – o tradutor é um traidor. Aplica-se ao representante político, que às vezes muda a voz do povo, o que gera uma queixa constante em nossa política. Não há mandato imperativo na democracia moderna, o que significa que os eleitores não podem determinar o que dirá seu eleito. Esse é livre para agir como quiser.

Aqui, Atenas: 1; Modernidade: 0.

Por outro lado, a Modernidade cria os direitos humanos. A assembleia soberana de Atenas podia até mesmo condenar alguém à morte sem seguir nenhuma regra, apenas pela vontade da maioria.

Já na Modernidade, criamos a ideia, a partir do século XVIII, de que há direitos humanos que devem ser respeitados mesmo pelo poder do Estado. Por exemplo: o direito de só ser condenado após um processo justo, com juiz imparcial, promotor e polícia agindo dentro da lei; o direito ao voto para escolher governantes e leis; o respeito absoluto às pessoas, independentemente de cor da pele, religião, posição política ou orientação sexual.

Todos esses pontos são fundamentais na discussão social e política atual. São modernos, originando-se na Revolução Gloriosa inglesa, de 1688, e crescendo gradativamente até culminarem na Declaração Universal dos Direitos

Humanos, em 1948, proclamada pela Organização das Nações Unidas (ONU) no dia 10 de dezembro – efeméride que, em muitos lugares, é celebrada como o Dia dos Direitos Humanos.

Essa conquista é crucial. Aqui, empatamos com a Antiguidade. Estava 1 a 0 para os gregos, dado o caráter direto da democracia helênica em comparação com a nossa, que é representativa. Mas o fato de termos os direitos humanos é uma grande conquista. Essa conquista implica que as políticas públicas devem respeitá-los. Empatamos com Atenas!

Vejam a Constituição do Brasil. As constituições brasileiras já mencionavam direitos humanos desde a Constituição do Império, outorgada – e não votada – por Dom Pedro I em 1824. Mas os direitos humanos apareciam no final, no art. 179 – na verdade, o último da Carta de 1824. Só a Constituição de 1988 é que começa com os direitos humanos, já no seu art. 5º. Antes disso, no art. 3º, a Constituição já afirma o que o Brasil quer ser: uma república – ou seja, um país que elege seus governantes, onde ninguém pode ser rei hereditário, pois não é uma monarquia; um país que pretende erradicar a pobreza, desenvolver sua política internacional com base na paz e fortalecer uma comunidade latino-americana de nações. Tudo isso está no primeiro capítulo da Constituição, que também afirma que todo o poder emana do povo, como também diziam as constituições anteriores. No entanto, ele acrescenta algo novo: esse poder será exercido **também diretamente**, na forma prevista pela Constituição. Ou seja, pode haver plebiscito, referendo, iniciativa popular de leis.

Nossa Constituição assim começa, dizendo o que o Brasil quer ser e quais são os direitos das pessoas que vivem aqui – e não só dos brasileiros mas também dos estrangeiros. Nos Estados Unidos, o estrangeiro é chamado de *non-U.S. citizen*. Lá se confunde **cidadão** com **nacional**, ou seja, com o detentor da nacionalidade norte-americana. No Brasil, é muito claro: todas as pessoas no território nacional têm seus direitos humanos assegurados. Podem não ter direito ao voto, mas têm direito a um julgamento justo, ao respeito à propriedade, entre outros. Muitas dessas garantias estão no art. 5º.

Só depois de definir os direitos fundamentais é que a Constituição trata das partes mais técnicas: como se elege o presidente, quais são seus poderes, como funciona o Congresso, como é a estrutura do Judiciário. A Constituição brasileira é clara: o Estado está a serviço do povo, e não o povo a serviço do Estado.

Essa é uma ideia importante e me faz lembrar o historiador e cientista político José Murilo de Carvalho, que perdemos em 2023. Ele cunhou uma expressão curiosa e profundamente triste para descrever o Brasil: disse que, aqui, a cidadania não é o principal. O principal, segundo o neologismo que ele criou, é a **estadania** – ou seja, o Estado se protege mais do que protege os cidadãos. Essa é uma tradição negativa, que precisamos reverter. O Fórum Senac de Educadores, aliás, se integra numa linha de debate e ações que visa justamente fortalecer a democracia combatendo o autoritarismo que lamentavelmente está em nossa tradição.

Quando falamos em direitos humanos, queremos mudar a direção do barco. O Brasil é um barco que, desde a invasão, a conquista e a colonização, foi planejado para navegar na direção eticamente errada. O Brasil é um caso de sucesso no planejamento de uma sociedade desigual e injusta. Quando notamos alguma desigualdade ou injustiça no Brasil, devemos lembrar: não se deve ao acaso, ela foi planejada. O país foi criado como colônia de exploração – uma colônia na qual os portugueses não tinham interesse em desenvolver o território ou em garantir bem-estar às populações nativas. O objetivo era extrair riquezas.

A primeira fase da nossa história foi o ciclo do pau-brasil. O pau que dá nome ao país, usado como corante para roupas – como dizem os franceses, o *bois de braise*, pau de brasa. Depois, veio o ciclo da cana-de-açúcar; depois, o do ouro, o do tabaco, o do café. Tudo isso tem em comum o fato de serem mercadorias de alto valor, voltadas para o prazer e o luxo: roupas bonitas, açúcar, ouro, tabaco, café. Nada disso é essencial, indispensável à vida. Não tivemos um ciclo do arroz, do feijão, do bife, da salada – itens básicos da alimentação do brasileiro. Tivemos ciclos voltados à exportação que exploraram ao máximo o país.

Junto da colonização, veio a escravatura: primeiro, a escravidão dos povos indígenas, que, ao não funcionar da forma esperada pelos colonizadores, foi substituída pela escravização de negros trazidos à força da África para trabalhar de forma brutal. A esses povos – indígenas e africanos – devemos muito: costumes, culinária, música, linguagem, alegria, cultura. Eles não foram consultados, foram forçados, mas deixaram legados preciosos.

Tudo isso nos leva à seguinte conclusão: se quisermos reverter esse rumo histórico do Brasil, teremos que trabalhar muito. Para tanto, a questão dos direitos humanos é central. Nossa Constituição, com seus princípios e direitos fundamentais – e também seus capítulos finais, que tratam de cultura, educação, saúde, direitos dos povos indígenas, dos quilombolas, e do respeito ao outro –, é um documento programático, que propõe um projeto de país. Um projeto que é o oposto de quase cinco séculos de história.

Mudar o rumo de um transatlântico é difícil. É lento. O tempo todo haverá oposição. Sempre haverá gente dizendo "quero meu país de volta" – aquele país injusto, desigual e sofrido. Por isso, é preciso afirmar com clareza a importância dos direitos humanos.

Isso nos leva a um segundo ponto: os direitos humanos na escola. A escola pode ser compreendida tanto como um espaço para ensinar os direitos humanos quanto como um direito humano em si – a educação como um direito fundamental.

Com todos os seus defeitos – e alguns dos nossos melhores educadores, no Brasil e no mundo, os criticam –, a escola ainda é talvez a melhor invenção da humanidade para socializar crianças, adolescentes e jovens. Ela cumpre um papel decisivo na formação do indivíduo em sociedade. Mas o que significa, afinal, educar?

A palavra "educar" vem da junção de dois termos latinos: *ex* e *ducere*. O verbo *ducere* significa "levar" e aparece em palavras como "deduzir", "induzir", "conduzir". Já *ex* indica um movimento de dentro para fora. Assim, educar é levar de dentro para fora, é abrir o sujeito ao mundo – ao vasto mundo.

Escola não é o mesmo que educação. Mas, apesar das críticas – especialmente pela tendência que muitas escolas tiveram, ou ainda têm, de disciplinar em excesso, enquadrar ou tolher a liberdade das pessoas –, ela continua sendo um espaço insubstituível. Cada ser humano nasce em um contexto particular: uma família, um bairro, uma religião, uma classe social, com valores específicos. Esses valores são sempre parciais e particulares – os valores da família. Se a família é budista, há bilhões de pessoas no mundo que não o são. Se é branca, idem. Se é de classe média, há bilhões de pessoas que não compartilham dessa sua realidade.

Aqui, a escola se torna essencial: para mostrar ao indivíduo que existem outras formas de ver e estar no mundo, diferentes daquelas com as quais teve contato em casa. A escola expande o horizonte do aluno, oferecendo-lhe a possibilidade de conviver com a diversidade e de enfrentar a alteridade – essa palavra bonita e fundamental que significa saber lidar com o outro, com quem é diferente de nós. E é nessa relação com o outro que mais se aprende.

Além disso, a escola é importante porque rompe com lógicas hierárquicas tradicionais, como o antigo regime de castas – ainda observado, por exemplo, em partes da Índia –, em que os filhos seguem obrigatoriamente a profissão dos pais. Hoje, cada vez mais, os filhos buscam seus próprios caminhos, muitas vezes distintos dos traçados por suas famílias. A escola ajuda nessa descoberta.

A educação é um direito humano fundamental justamente porque permite que a pessoa encontre sua vocação, seu percurso próprio. Não é mais necessário limitar-se às antigas profissões consagradas da universidade, como engenharia, direito ou medicina – que, há 100 ou 150 anos, eram vistas como os grandes auges do ensino superior.

Hoje, temos centenas – talvez milhares – de habilitações no ensino superior. A escola é o espaço que permite esse **ajuste fino entre o indivíduo e suas escolhas**, oferecendo as condições para que cada um encontre seu caminho com base em suas aptidões e seus interesses. Ela oferece os instrumentos para que cada um possa construir sua trajetória respeitando as próprias potencialidades e também aprendendo a respeitar o outro.

Assim, ao mesmo tempo que ensina os direitos humanos, a escola realiza um direito humano e abre possibilidades reais de liberdade, igualdade e dignidade para todos. Por isso, defender a escola pública, inclusiva e crítica é também defender a própria democracia.

***

Os direitos humanos básicos seguem uma certa ordem histórica. A **primeira geração** corresponde aos **direitos civis**, como o direito à propriedade, à liberdade pessoal e a um julgamento justo. Surgem com a Modernidade, a partir dos séculos XV e XVI. A **segunda geração** inclui os **direitos políticos**, como o direito de votar, de ser votado, de organizar partidos e de participar da vida pública. Esses direitos se consolidam com as revoluções inglesa, americana e francesa, que marcam o início da modernidade política. Já a **terceira geração** compreende os **direitos trabalhistas e sociais**, como o direito do empregado a não ser demitido sem justa causa ou, em caso de demissão, a receber uma indenização - que, no Brasil, se expressa no levantamento do Fundo de Garantia.

Entre os direitos humanos, estão também o direito à **educação**, à **saúde** e a uma **alimentação digna**. É fundamental que isso seja transmitido desde cedo às crianças e aos jovens nas escolas - e também aos que fazem parte da comunidade escolar: os cidadãos que sustentam a escola com seus impostos, os professores, os pais. É preciso afirmar, com convicção, que **a educação é um grande direito humano**.

***

A outra questão que quero abordar, para concluir, é a da **educação em direitos humanos**, um aspecto complementar e essencial. Devemos educar desde cedo a partir de um princípio básico: **o respeito ao outro**. Esse respeito está vinculado à **igualdade de direitos**. Nenhuma criança, nenhum aluno, nenhum adulto é superior em direitos a qualquer outra pessoa. Pode haver diferenças de competências ou certificações que autorizam certas funções, mas isso **não confere a ninguém o direito de mandar, humilhar ou agredir**. Esse tipo de hierarquia moral não tem lugar numa sociedade democrática. Educar para os direitos humanos é, portanto, **formar para a convivência, para o reconhecimento mútuo e para a dignidade de todos**.

Já na creche, devemos ensinar às crianças **valores básicos**, e um deles é a **cooperação**. Claro que há muitas práticas e esportes que são competitivos – por exemplo, o futebol é um time contra o outro, mas, para um time competir, ele precisa primeiro **cooperar internamente**. Os onze jogadores precisam jogar juntos, cooperar entre si para enfrentar os outros onze. Assim, mesmo na competição, é essencial o espírito de cooperação.

Nossa sociedade é competitiva, sim. A sociedade capitalista tem como centro a **livre concorrência**. Mas mesmo a concorrência só funciona se houver uma base de **valores comuns**, que todos respeitam. Por exemplo, nossa Constituição estabelece que o Brasil quer ser uma sociedade **sem pobreza, sem miséria, justa, pacífica**. Esse é um ponto comum. Qualquer partido, qualquer candidato que dispute eleições deveria se pautar por esses princípios: defender a saúde, a educação e outros pilares fundamentais.

A **comunhão de fins** se funda no que chamamos de **tecido social** – a ideia de que temos **laços sociais**, de que vivemos entrelaçados, e de que todos podemos **contribuir uns com os outros**.

***

Aproveito a oportunidade para fazer um convite: uma ideia que surgiu dentro da Sociedade Brasileira para o Progresso da Ciência. Percebemos que o Brasil **se atrasou muito em termos de educação democrática**. Falta uma cultura democrática no nosso país, falta uma **noção ética** de respeito ao outro. Há pessoas que acreditam que liberdade inclui o direito de ser grosseiro, agressivo ou repressor com os outros – o que é um **grave equívoco** sobre o conceito de liberdade e sobre a própria ideia de democracia.

Temos muito a aprender com a **experiência da Argentina.** Nosso vizinho passou por uma ditadura feroz, pior do que a nossa, e, ao término desse período, a própria sociedade decidiu transformar um dia do ano em um **dia de memória histórica**. Será bom que o Brasil também tenha um dia assim – **um dia para a sociedade civil**, e não o governo ou o poder legislativo, **de baixo para cima**, celebrar como **um dia de luta pela democracia**.

Pensamos no dia **5 de outubro** como essa data simbólica. Sobretudo, **uma data de educação**. Foi nesse dia que, em 1988, se promulgou a Constituição Federal, a "Constituição cidadã", como a chamou Ulysses Guimarães, um dos maiores lutadores que já tivemos pela democracia no Brasil.

Vejam como tudo está ligado: precisamos educar as pessoas desde cedo. As crianças pequenas devem aprender desde a pré-escola, por meio de brinquedos, brincadeiras e atividades lúdicas – que são fundamentais na Educação Infantil –, sempre com o foco em **fortalecer a cooperação**.

Depois disso, começamos a trabalhar com os conceitos: todas as pessoas são iguais em dignidade, ninguém pode desrespeitar o outro. As pessoas têm **diferenças**, e **essas diferenças são a sua riqueza** – é com elas que aprendemos e crescemos. A igualdade de direitos, valor supremo numa democracia – valor ético fundamental –, significa justamente o direito à diferença. Cada um tem o direito de florescer nas suas diferenças específicas: profissão, religião (ou ateísmo), amores, sentido que dê à vida. O único limite é o que afete o igual direito do outro.

Temos um grande caminho a seguir nesse sentido. **Educação como direito humano** e **educar para os direitos humanos** são os dois pontos cruciais que devemos destacar.

[CAPÍTULO 2]

ENSINAR E APRENDER NUMA SOCIEDADE DIVERSA, MULTICULTURAL E DESIGUAL: COMO AS POLÍTICAS PÚBLICAS PODEM APOIAR OS DOCENTES?

Allyne Andrade e Silva

DO PRESENTE TEXTO

Fernando José de Almeida

A Prof.ª Dra. Allyne Andrade e Silva nos traz um texto ardente, como foram ardentes as palavras de sua palestra quando participou da 3ª edição do Fórum, em 2022.

Ela parte de uma refinada análise de conceitos sobre as carências da educação formal brasileira, alargando simultaneamente seus desgastes antes mesmo de serem gastos. No caso, as leis educacionais brasileiras, nascidas após a Constituição de 1988, que se anunciaram esperançosamente plenas de poderes democratizantes, mas se estiolaram logo ao serem expostas à realidade de nosso território tão cheio de desigualdades.

Ela nos fala de uma ideologia eurocentrada e embranquecida pela naturalização de seus valores trazidos com a violência que constitui sua base histórica. Os seus argumentos são repletos de evidências culturais e históricas. Mas são também reforçados pelos dados econômicos dos desastres na implantação das leis quase inócuas que tentam desfazer o racismo estrutural contra tudo o que não é branco. Indígenas, negros, asiáticos, latino-americanos, islamitas, todos no mesmo caldeirão dos preconceitos, e, pior ainda, reproduzidos pela escola.

O cenário trazido pela articulista pesquisadora reproduz-se na Europa, na Ásia, nos países árabes. Isso nos assusta muito.

Com paciência e retomadas cíclicas, com insistência própria de uma profecia, Allyne Andrade e Silva tece uma espécie de esboço narrativo que deve ser criado pela escola, por seu currículo, pela formação de professores, mas, sobretudo, pelo Estado e pela sociedade civil, que, por dever constitucional, são responsáveis pelo cumprimento da Carta de 1988 em nosso país.

***

A diversidade é uma característica natural da humanidade. Somos inerentemente diferentes; cada pessoa tem um conjunto de características genéticas que as torna únicas, como sexo, cor da pele, altura, tipo de cabelo, cor dos olhos, peso. Ao longo da vida, nossa maneira de ver o mundo, nossas crenças religiosas, gênero, sexualidade, posicionamento político, linguagem, nossos hábitos, a cultura, a família em que estamos inseridos ou que escolhemos para nos inserirmos vão trazendo um novo conjunto de características (adquiridas) que constroem essa diferença.

Vivemos em uma sociedade na qual essas diferenças, não raro, informam desigualdades. Para falar desse assunto, trago o conceito de marcadores sociais da diferença: os elementos socialmente construídos que são utilizados para classificar, hierarquizar e produzir desigualdades entre indivíduos e grupos na sociedade. Esses marcadores incluem, entre outros, raça e etnia, gênero, classe, sexualidade, geração, deficiência e territorialidade. Eles não são diferenças "naturais", mas diferenças socialmente produzidas, que ganham significado e impacto dentro de relações de poder. Muitos grupos, apenas por terem determinadas características ou pertencerem a algumas "categorias", são submetidos a uma série de discriminações e opressões, tendo menos acesso a bens e direitos em razão de seu pertencimento a esses grupos. Não raro essas desigualdades se verificam também no espaço educacional.

Quando pensamos em educação, essas diferenças entre nós já trazem, em si, um desafio: o de, ao mesmo tempo que se apresenta um currículo comum, com conhecimentos considerados desejáveis para todos os cidadãos, respeitar as individualidades, as comunidades e os contextos sociais em que cada saber/aprendizagem vai se inserir.

Nesse contexto, o desafio educacional se complexifica, tornando-se desejável pensar uma escola – ou qualquer espaço de construção de saber – que reconheça essas desigualdades para erradicá-las, ao mesmo tempo que celebra e respeita a diferença. Isso demanda, ou deveria demandar, um espaço educacional e uma formação docente comprometida com a justiça social e com a construção de uma escola antirracista, inclusiva e territorializada.

A escola, mais do que um espaço de construção de conhecimento, é um território político de disputa de sentidos, em que identidades, memórias e saberes se encontram, se confrontam e se transformam. Neste texto, vamos refletir sobre como as políticas públicas podem apoiar a atividade docente na tarefa de ensinar e aprender, isto é, de construir um saber multicultural, diverso e comprometido com a equidade.

O ponto de partida é minha vivência em sala de aula, como estudante, como negra, como professora – antes, de ensino técnico; depois, universitária –, e como ativista pela justiça racial e de gênero que atuou intensamente pela implementação de ações afirmativas e da Lei nº 10.639/2003 e, mais tarde, se tornou especialista em políticas públicas e interseccionalidade. Também sou advogada de formação, e vocês, leitores, poderão notar esse traço no meu apego pela legislação brasileira (embora meu objetivo seja apenas informar o arcabouço jurídico que sustenta determinadas posturas no campo da educação).

O texto pretende tratar – e jamais responder em definitivo – às seguintes perguntas:

- Como as políticas públicas podem apoiar a formação docente possibilitando ensinar e aprender numa sociedade diversa, multicultural e desigual?
- Que políticas públicas podem apoiar os professores na tarefa de ensinar e aprender nessa sociedade?

POR QUE AINDA É RELEVANTE DEBATER DIVERSIDADE E MULTICULTURALISMO NA ESCOLA

A importância da diversidade cultural e sociocultural na formação da sociedade brasileira é amplamente reconhecida nas diretrizes educacionais do país. Tanto na Constituição Federal quanto na Lei nº 9.394/1996 (Lei de Diretrizes e Bases da Educação ou LDB), há um pacto social que valoriza a polaridade de ideias, a diversidade de saberes e as contribuições dos povos que formaram o Brasil, como os indígenas, os negros, os imigrantes.

A Constituição Brasileira preconiza que o Brasil é um Estado Democrático de Direito que tem entre seus fundamentos a cidadania, a dignidade da pessoa humana, os valores sociais do trabalho e da livre-iniciativa e o pluralismo político. Estabelece ainda como objetivos fundamentais a construção de uma sociedade livre, justa e solidária, a garantia do desenvolvimento nacional, a erradicação da pobreza e da marginalização e a redução das desigualdades sociais e regionais. Papel aceita tudo, diz o ditado, mas o que forja e mantém uma sociedade como essa? O que faz com que esses valores existam para além do papel? A Constituição responde estabelecendo uma série de direitos e garantias ao cidadão brasileiro, mas deposita na educação uma esperança significativa, tornando-a um vetor para a realização desses objetivos.

A educação é direito de todas e todos e visa ao pleno desenvolvimento da pessoa, ao seu preparo para o exercício da cidadania e à sua qualificação para o trabalho. No exercício do direito à educação, estão contidos o direito de igualdade no acesso ao ensino, a liberdade de aprender, ensinar, pesquisar e divulgar o pensamento, a arte e o saber, o pluralismo de ideias e de concepções pedagógicas. No que diz respeito à diversidade, a LDB destaca ainda, como princípios, o respeito à liberdade e o apreço à tolerância, a consideração com a diversidade étnico-racial e o respeito à diversidade humana, linguística, cultural e identitária das pessoas surdas, surdo-cegas e com deficiência auditiva.

Há ainda duas legislações que trazem para as escolas brasileiras o conhecimento acerca de nossas raízes africanas e indígenas.

A Lei nº 10.639/2003 tornou obrigatório o ensino de história e cultura afro-brasileira e africana no conjunto da educação básica (pública e privada), estabelecendo mudanças curriculares semelhantes às ocorridas em outros países que viveram a diáspora africana decorrente dos processos de escravização mercantil. Constitui-se em um grande instrumento pela superação do racismo que ainda marca profundamente a realidade brasileira.

Mais tarde, foi criada a Lei nº 11.645/2008, que obriga a inclusão do estudo de história e cultura afro-brasileira e indígena nos currículos oficiais da rede de ensino, tanto pública como privada, em todos os níveis de educação. De acordo com a legislação educacional, a educação básica é constituída pelas etapas de ensino da Educação Infantil, do Ensino Fundamental e do Ensino Médio e pelas modalidades de ensino da Educação de Jovens e Adultos, da educação profissional, da educação especial, da educação do campo, da educação escolar quilombola, da educação escolar indígena e da educação a distância.

Ao tratar de cultura, a Constituição Federal afirma que o Estado garantirá a todos o pleno exercício dos direitos culturais e o acesso às fontes da cultura nacional. Além disso, apoiará e incentivará a valorização e a difusão das manifestações culturais, bem como protegerá as manifestações das culturas populares, indígenas e afro-brasileiras, e das de outros grupos participantes do processo civilizatório nacional. Preconiza, ainda, a fixação de datas comemorativas de alta significação para os diferentes segmentos étnicos nacionais e a valorização da diversidade étnica e regional.

Abandonando o juridiquês, defendemos que o direito à educação previsto na legislação brasileira representa um acordo, um pacto civilizatório que visa colaborar com a sociedade brasileira. Numa breve análise da Constituição Federal e da legislação educacional, é possível perceber como a diversidade e a multiculturalidade aparecem como princípios que vão preencher e colorir o conteúdo legal, devendo nortear o dia a dia escolar.

Trata-se, portanto, de uma perspectiva que aponta para a criação de um indivíduo e de uma sociedade preparada para a convivência com o diverso e que respeite os direitos humanos. Nesse sentido, a educação brasileira se posiciona assumindo uma agenda política, no melhor sentido da palavra, porque ela traz consigo os valores que a sociedade brasileira estabeleceu como premissas. Mais do que isso, a educação foi pensada não apenas para respeitar o que já somos (um país multicultural) mas também para construir a sociedade que sonhamos nos tornar (um país diverso e socialmente justo).

Estamos falando também de uma educação que deveria proporcionar, à sua sociedade, a possibilidade de conhecer, reconhecer e aprender nas escolas múltiplas tradições culturais, religiões, seus povos e sua comunidade originários e tradicionais, quem são os imigrantes e refugiados que a compõem, isto é, toda a pluralidade que compõe um país vivo, dinâmico, que se inventa e reinventa por meio de seu povo. Essa perspectiva educacional visa também à cidadania e à promoção de uma participação política qualificada na construção de uma sociedade que rejeita violência de gênero e racial, xenofobia e LGBTfobia, entre outras formas de intolerância.

Como visto, não são poucas as esperanças depositadas na educação brasileira. Maiores ainda são as tarefas delegadas aos educadores.

Os valores que embasam essa proposta educacional não são arbitrários; foram legitimados pela sociedade brasileira na Constituinte, consagrados na legislação, especialmente na LDB, e estão reiterados nos planos nacionais, estaduais e municipais de educação.

Entretanto, dizer que esses valores são parte de um pacto civilizatório preestabelecido, de defesa dos direitos humanos, de pluralidade, de combate às desigualdades, não significa dizer que isso se dá sem tensões ou conflitos. Não há unanimidade de que esses são valores essenciais – vide os constantes movimentos para eliminação de qualquer perspectiva crítica ou de direitos humanos do ambiente escolar. Não há sequer consenso de como fazer para aqueles que compartilham da perspectiva da diversidade.

POLÍTICAS PÚBLICAS PARA APOIO À ATIVIDADE DOCENTE

Em relação às políticas públicas, vale citar aqui a definição de Eduardo Marques (2013, p. 24), de que se trata "de um conjunto de ações implementadas pelo Estado e pelas autoridades governamentais em um sentido amplo",* complementada por Leonardo Secchi (2013, p. 2), para quem podem ser compreendidas como uma "diretriz elaborada

---

* MARQUES, Eduardo. As políticas públicas na ciência política. *In*: MARQUES, Eduardo; FARIA, Carlos Aurélio Pimenta de (org.). **A política pública como campo multidisciplinar**. São Paulo: Editora Unesp/Editora Fiocruz, 2013.

para enfrentar um problema público"* No campo das políticas públicas, a definição de problema público é central para a compreensão das ações governamentais. Segundo Secchi (2013, p. 44), problema público consiste na "discrepância entre o *status quo* e uma situação ideal possível. Um problema público é a diferença entre o que é e aquilo que se gostaria que fosse a realidade pública". Essa discrepância é percebida pela sociedade, gerando expectativas de mudança e intervenção por parte do Estado.

Qual é o problema público da educação brasileira? Algumas pessoas responderão a essa pergunta listando indicadores de qualidade da educação e os dados produzidos para compreender como estão dimensões como ambiente educativo, prática pedagógica, avaliação, gestão escolar democrática, formação e condições de trabalho dos profissionais da escola, espaço físico escolar e, por fim, acesso, permanência e sucesso na escola. Alguns vão tratar de taxa de evasão escolar, taxa de alfabetismo ou de indicadores como o Índice de Desenvolvimento da Educação Básica (Ideb), o Sistema de Avaliação da Educação Básica (Saeb) e a Prova Brasil. Alguns outros, em menor quantidade, vão falar da não aplicação das leis nº 10.639 e 11.645, dos problemas da educação indígena e da quilombola, do desrespeito aos imigrantes ou da ignorância acerca das realidades locais. Neste texto, nos concentramos nessa última questão, não para dar receitas prontas, mas para apoiar a tarefa do respeito à diversidade, a implementação de um currículo e o combate às desigualdades na educação.

---

* SECCHI, Leonardo. **Políticas públicas**: conceitos, esquemas de análises, casos práticos. São Paulo: Cengage Learning, 2013.

É sabido que nossos educadores enfrentam desafios decorrentes da realidade escolar e social. Alguns profissionais vieram de uma formação inicial que se furtou de tratar da realidade multicultural brasileira, negligenciando saberes ancestrais, tradicionais e locais, as produções de pesquisadores não brancos e debates sobre o contexto social brasileiro. Muitos professores atuam em múltiplos locais de trabalho, muitas vezes em condições precárias, com salários insuficientes, carga horária extensa, poucas horas administrativas para atividades essenciais ao bom transcorrer da atividade de ensino – como planejamento, preparação de material didático, correção de trabalhos, participação em reuniões pedagógicas, etc. Há pouco incentivo à formação continuada, e alguns professores e gestores estão despreparados para as mudanças curriculares. Para onde olharmos, poderão ser descobertos problemas. E o que é problema para alguns não é para outros.

Em primeiro lugar, gostaria de dizer que não pensamos a escola como panaceia para curar todos os problemas sociais. Se a educação significar tudo, ela não terá nenhum significado. O espaço escolar não é o único lócus de formação do ser humano nem é um local idílico de harmonia; nenhum

de seus participantes está livre nem de si mesmo nem de seu meio. Como diz Moacir Gadotti (2004, p. 43), "a educação participa inevitavelmente do debate no qual a nossa sociedade em crise se encontra envolvida e da angústia que ela suscita. A educação é um lugar onde toda a nossa sociedade se interroga a respeito dela mesma, ela se debate e se busca"*

Da mesma forma, não acreditamos que o único problema da implementação de um currículo diverso seja a falta de formação dos professores. Ao mesmo tempo, a formação docente deve ser entendida como um processo contínuo e integrado, que envolve tanto a formação inicial quanto a formação continuada e articula saberes teóricos e práticos, considerando a identidade profissional do docente, a fim de preparar e aprimorar suas habilidades para exercer a função de educador.** Sabemos que ela também é um campo de disputa, no qual quem tem mais poder determina os conteúdos e autores relevantes, quem pode pensar a educação e

* GADOTTI, Moacir. **Pedagogia da práxis.** 4. ed. São Paulo: Cortez, 2004.

** GAROFALO, Débora. Formação docente como trilha de sucesso no ensino e aprendizagem. **Revista Educação**, 19 mar. 2025.

quem só deveria operá-la, quem escreve os livros didáticos e quem deveria utilizá-los apenas, etc.

Agora que dissemos no que não acreditamos, vamos às políticas que acreditamos serem importantes para apoiar a atividade docente e a construção de conhecimento diverso no ambiente educacional. Correndo o risco de ser repetitiva, afirmo que a construção de políticas públicas eficazes requer compromisso com a justiça social, a redistribuição de recursos e o reconhecimento da diversidade.

Para apoiar os professores, é necessário um conjunto articulado de políticas. Na base de qualquer programa devem estar a valorização salarial e a melhoria das condições de trabalho de todas e todos os profissionais envolvidos na educação – em especial, aqueles que estão no dia a dia escolar. A equidade no processo de ensino-aprendizagem começa pelo cuidado com quem educa. Políticas de assistência, saúde mental e progressão na carreira docente com base em práticas emancipadoras são urgentes.

Do ponto de vista da formação em si, ela deve ocorrer com o devido respeito aos saberes locais, tradicionais e ancestrais, incorporando-os, para que o docente seja capaz de dialogar com a diversidade existente nos territórios, com os currículos interculturais. Como marcos fundamentais, as leis nº 10.639/2003 e 11.645/2008 precisam ser acompanhadas de ações formativas para os professores. Defendo ainda que a interseccionalidade seja utilizada como ferramenta analítica nas formações, a fim de que se compreenda que raça, gênero, classe, deficiência e sexualidade se entrecruzam e afetam o processo de aprendizagem de maneira diversa, como sustenta Kimberlé Crenshaw (1991).* Podem ser criados centros de formação com abordagens interseccionais, vinculados às universidades públicas ou por consórcio de universidades. Essa abordagem é a que mais se conecta com os princípios de que tratamos anteriormente.**

Deve-se reconhecer o território como currículo vivo, de diálogo entre os conhecimentos contemporâneos e os ancestrais das diferentes culturas. A escola precisa se abrir para os saberes locais e populares, respeitando a organização dos povos tradicionais, quilombolas, indígenas e ribeirinhos. Isso inclui ouvir lideranças comunitárias e incorporar práticas, cosmologias, línguas e memórias coletivas.

É preciso descolonizar práticas pedagógicas que impõem padrões brancos, cristãos e eurocentrados como universais, silenciando outras formas de ser e aprender. Promover uma educação libertadora, como defendida por Paulo Freire, na qual o educador aprende com o educando e reconhece o saber como construção coletiva e situada.*** A afetividade, o cuidado e o reconhecimento da dor social devem ser parte do projeto pedagógico.

É necessário valorizar intelectuais negras/os, indígenas, LGBTQIA+ e da classe trabalhadora. Isso significa, por exemplo, ensinar filosofia a partir de Antonieta de Barros, literatura com Conceição Evaristo, história com Beatriz Nascimento. E ouvir os vivos, não esperar mais que um intelectual indígena

---

* CRENSHAW, Kimberlé. Mapping the margins: intersectionality, identity politics, and violence against women of color. **Stanford Law Review**, v. 43, 1991.

** ANDRADE, Allyne. Interseccionalidade e políticas públicas. **Gpublicas**, 2022.

*** FREIRE, Paulo. **Pedagogia do oprimido**. Rio de Janeiro: Paz e Terra, 2014.

ou negro morra para que seja reconhecido como relevante. Há uma produção relevante sendo feita agora.

Do ponto de vista da oferta, devem ser oferecidas formações virtuais e presenciais, espraiadas pelo território, que atendam às regiões mais vulnerabilizadas. As secretarias de educação poderiam criar núcleos interdisciplinares para acompanhar, formar e apoiar os professores em práticas inclusivas e territorializadas.

Deve haver financiamento público para a formação docente, a fim de que essa corrida pela formação, pela progressão de carreira ou para se adequar às exigências do mercado não seja possível apenas para aqueles que podem pagar por formação privada. A permissão de que essa formação seja pensada dentro da carga horária dos professores também é crucial. Alguns programas são muito extensos, em dias e horários ingratos, sem nenhuma espécie de compensação de horas, sobrecarregando docentes, gestores e equipes multidisciplinares já exaustos. Poderiam ser pensados mecanismos de compensação de horas, turnos que possibilitem aos participantes do programa de formação continuada estarem inteiros nessa tarefa.

Defendemos que haja fiscalização sobre a implementação desses currículos, tanto nas escolas públicas quanto nas privadas. Como dito, não podemos jogar toda a responsabilidade na presença ou na ausência de formação dos docentes. Sabemos que há gestões que deliberadamente se negam a cumprir a legislação.

Defendemos, ainda, que o Ministério Público (MP) possa atuar proativamente instaurando inquéritos civis para investigar o não cumprimento da lei, firmando termos de ajustamento de conduta (TACs) com redes de ensino e propondo ações civis públicas contra instituições que descumpram a norma. Há exemplos de atuação no Rio de Janeiro, em São Paulo e na Bahia em que o MP exigiu que cursos de licenciatura e pedagogia incluíssem conteúdos relacionados às relações étnico-raciais, a criação de plano pedagógico de valorização da cultura afro-brasileira e a implementação de formação continuada para professores, solicitando material pedagógico específico e acompanhamento da aplicação nas escolas (Carreira; Andrade, 2015).*

É preciso cuidar das políticas de combate à discriminação e de promoção da equidade criando mecanismos internos nas escolas para acolhimento de denúncias de discriminação e preconceito, com protocolos pedagógicos e administrativos para enfrentamento dessas situações. E, onde já existem esses mecanismos, vale garantir que eles funcionem, com uma equipe especializada, dedicada a cuidar disso.

A adequação do espaço físico escolar também é uma política pública de apoio à atividade docente. Isto é, cuidar da acessibilidade arquitetônica, pedagógica e comunicacional e da inclusão de alunos com deficiência, garantindo os direitos previstos na Lei nº 13.146/2015 (a Lei Brasileira de Inclusão da Pessoa com Deficiência).

Destacamos, ainda, a valorização da diversidade sexual e de gênero com projetos pedagógicos com esse fim, para combater a LGBTfobia no ambiente escolar. Nesse sentido, Guacira Lopes Louro é uma importante autora brasileira

* CARREIRA, Denise; ANDRADE, Allyne. **Educação das relações raciais**: balanços e desafios da implementação da Lei 10.639/2003. São Paulo: Ação Educativa, 2015.

que discorre sobre gênero e sexualidade na educação. Cabe citar aqui iniciativas como o Projeto Escola Sem Homofobia, que, embora tenha sido interrompido, é referência histórica, o Transcidadania e programas estaduais, como o Diversidade nas Escolas, que foram implementados em São Paulo, Pernambuco e no Rio de Janeiro. Todos são referências que podem ser utilizadas como ponto de partida.

A educação em direitos humanos como política estruturante deve ser defendida e estruturada, ancorada nos marcos da interseccionalidade e do antirracismo. Não se pode renunciar à gramática dos direitos humanos. Temos experiências de tudo isso espalhadas pelo Brasil; basta que efetivemos o conhecimento já produzido no país e as políticas públicas que já foram adotadas com esse espírito e aplicá-las de forma consistente e duradoura, com aprimoramento constante.

[CAPÍTULO 3]

A EDUCAÇÃO E A QUESTÃO INDÍGENA NA VISÃO DE UMA GUARANI *MBYA*

Jerá Guarani

DO PRESENTE TEXTO

Fernando José de Almeida

A partir da conversa com Jerá – eu estava naquele dia com ela, na 3ª edição do Fórum, em 2022 –, tivemos muito além de uma palestra. Vivemos uma cena de oração. Ela nos colocou num ambiente de contemplação da vida dela e da nossa, como se fossem um salmo e seus responsórios. Gerou em nós um espírito de contemplação. Contemplar significa "trazer para o templo", "estar junto no mesmo templo".

Neste texto, inspirado em sua fala, ela faz um retrato de nossos costumes e dos resultados deles impregnados nos quinhentos anos de nossas histórias simultâneas, mas não comuns. Ela, numa espécie de prece, discorre sobre nossos valores, fazendo um paralelismo com suas histórias no território, nas famílias, na relação com a terra, com as águas, com a forma de educar as crianças e os jovens, e as contrapõe com os valores de nossa cultura colonial, cultural, capitalista, produtivista. Item a item.

De forma semelhante às estruturas dos salmos: os profetas denunciam os abusos e erros e, numa espécie de responsório, pedem a força a Deus para protegê-los ou perdoá-los.

Aqui, no entanto, o que Jerá Guarani faz é abrir-nos a consciência para a riqueza de estarmos juntos e podermos ser diferentes com paz e com respeito admirativo, numa grande casa comum!

***

Num primeiro momento, eu quero falar sobre o Fórum Senac de Educadores. É algo muito grande e que as pessoas fazem com muita responsabilidade, muito carinho.

Então, eu não fiquei brava, em nenhum momento, quando um monte de pessoas ficou falando comigo [na época do evento], principalmente porque eu ia vir da aldeia. Seguramente, elas ficam mais preocupadas.

"Será que vai pegar barco?"

"Vai ter uma árvore caída no caminho?"

"Ela vai conseguir chegar?"

Entendi como uma preocupação real de todo o esforço das pessoas, para a gente falar e para ouvir.

Muito *ha'evete* [obrigada] a todos que pensaram esse trabalho. A gente certamente já deseja que mais trabalhos como esse aconteçam, continuem acontecendo, porque de fato o mundo está muito bagunçado, está meio assustador para mim, que venho desse povo, Guarani *Mbya*, que resiste há mais de quinhentos anos em contato com a cultura de vocês, com a cultura do juruá.

Juruá significa, literalmente, "boca com cabelo". *Xe'a*, "meu cabelo"; *xejuru*, "minha boca". Os primeiros juruá que aqui invadiram o nosso território eram barbudos, os portugueses, então chamamos vocês [os não indígenas] até hoje de juruá.

Como sempre faço, agradeço as oportunidades de espaços que eu tenho enquanto representante indígena, pensando também em todos os outros espaços em que vão outros indígenas e que podem falar da educação escolar, da formação, daquele que ensina, daquele que aprende.

Para a questão indígena, [a educação] é uma coisa muito atrasada ainda. De fato, [isso] é meio vergonhoso para um país que tem ainda tantos povos indígenas, tantas etnias indígenas e que continua acolhendo tantas nacionalidades; [um país] tão rico, tão bonito, um território tão acolhedor, mas que foi transformado num território muito hostil, muito cruel e muito injusto.

Então, eu sempre agradeço bastante os espaços que são pensados também para nós, indígenas, porque aprendi que as pessoas tendem a respeitar um pouco mais aquilo que vão conhecendo melhor. [Aprendi] Que essa palavra, "preconceito" – as pessoas pensarem coisas sobre as quais não conhecem muito, sobre mundos que não conhecem muito –, é muito comum até para nós, indígenas.

Como numa pequena experiência que eu queria contar: na aldeia, quando entrou a televisão, ela começou a ensinar que o candomblé, os povos afro com suas danças, com suas rezas, eram coisas ruins, e as pessoas na aldeia tinham um pouco de medo disso. E aí, de repente, a gente estava lá na aldeia com um pai de santo, com os seus trajes lindos, maravilhosos, sentado na casa de reza, e as pessoas começaram a perceber que o que tinham ouvido falar, ou aprendido, ou visto na TV era mentira. [O pai de santo] Era uma outra pessoa – muito parecida com a gente, na verdade – lutando para manter os conhecimentos das suas raízes africanas e que estava ali na resistência também. E aí acontece conversa, acontece amizade, comer junto. "Nossa, como somos parecidos."

Outra experiência, eu conto sobre os juruá da minha mãe, também quando esse "professor muito eficaz", a TV, entrou na aldeia. Ela, criança, torcia para o juruá americano no filme de bangue-bangue. A minha mãe, que nasceu na aldeia, naturalmente, em teoria, teria que torcer para o indígena ali. Mas quando o indígena estava deitado na rocha ali, no morrão, e vinha passando um juruá – um caubói em cima do cavalo –, e o indígena puxava o arco, a minha mãe falava para a televisão, para o juruá: "*Ema'ẽ yvate re, ema'ẽ yvate re, há'e ndejukata*" ["Olha para cima, olha para cima, ele vai te atacar!"].

Essas coisas absurdas acontecem no nosso território, nas nossas cabeças, no planeta. É muito "surreal" mesmo, como o juruá gosta de falar. Então, momentos como o Fórum são superimportantes para eu dizer, a todos que estão numa ideia de que a gente tem que se tornar multiplicador daquilo que vai ouvindo, daquilo que vai aprendendo, que no nosso Brasil existem muitas etnias indígenas ainda;

que não existe o índio com a pintura no rosto que se faz no Dia do Índio; que o nosso grito não é "Uh! Uh! Uh!", com um cocarzinho na cabeça e peninha na testa ou atrás; que não é levar as criancinhas para desfilarem na rua e pronto, acabou, deixando de falar da diversidade cultural, da diversidade da língua, das questões problemáticas em relação a um direito constitucional mínimo.

Os povos indígenas não pedem o Brasil de volta. A comunidade Tenondé Porã, de onde eu venho, não fez toda uma luta grande, esforçada, conjunta, para pedir de novo o Pátio do Colégio,* o Ibirapuera** inteiro, a cidade de São Paulo inteira. A gente só queria, só quer e continua querendo só aquele pedaço da Mata Atlântica que restou para nós – e para vocês de São Paulo também –, onde está a última cachoeira limpa do estado.

TODOS ENSINAM E APRENDEM

Os indígenas, em sua grande maioria, respeitam a natureza porque está dentro da nossa educação tradicional: aquilo que a gente não precisa ir para a escola para aprender. A gente não precisa ter o Ensino Médio completo ou,

* Espaço considerado o marco zero da capital paulista. (N. E.)
** O principal parque da cidade de São Paulo. (N. E.)

depois, fazer ensino superior, ou fazer mestrado e doutorado e visitar países de primeiro mundo para dizer: "Oh, meu Deus, realmente estamos perdidos".

A gente tem uma outra educação desde pequenininho nas casas, onde todos são professores. O pai, a mãe, o tio, a tia, a irmã, o irmão mais velho, que o tempo inteiro ensinam, nas suas práticas e na sua fala, que, por exemplo, não podemos sujar a água, não podemos fazer xixi na água, não podemos fazer cocô na água, não podemos tirar além do suficiente da natureza, porque tudo na natureza está equilibrado. A natureza tem guardiões; a partir do momento que você quebra essas regras, vai haver consequências ruins para você. Como os mais velhos falaram na aldeia, na pandemia: veio para mexer com o juruá, para mostrar ao juruá que existe muita coisa errada, que tem que mudar o rumo desse caminho.

E eu sempre aproveito e falo para juruá que o currículo da educação – estadual, municipal, particular – é muito atrasado na questão indígena. Ontem, por exemplo, eu fui fazer uma fala em uma escola, porque eles querem fazer um projeto para tratar de uma forma mais real a questão indígena. Um professor de arte falou assim: "A gente quer estar preocupado com a questão indígena, quer trabalhar isso, e cadê as obras, os trabalhos que se referem à questão indígena na nossa biblioteca? Não tem nada. Então, não adianta ficar falando, tem que fazer as coisas". E eu falei: "*Anhetegua* [verdade], vamos encher a sua biblioteca, juruá".

Mas, ao contrário disso, quando um juruá quer colocar, na mesa de uma reunião pedagógica, uma história indígena pela segunda, pela terceira vez, a maioria já fala (como já me contaram professores amigos meus): "Mas isso é preconceito. A gente vai ficar só cuidando da questão indígena agora? E como ficam os nossos contos, as nossas contações 'normais', 'naturais'?". Como as histórias das princesas, que destroem a cabeça do povo. Pelo amor de *Nhanderu* [Nosso Pai]! Que destroem a vida de tantas mulheres que ficam buscando o Príncipe Encantado a vida inteira. Barbaridade! É aí que falo que a questão dos povos indígenas, no país, não é tratada na educação. Ela é muito pequena, é muito pequenininha perto de como tinha que ser tratada.

COMO ME TORNEI UMA DAS PRIMEIRAS PROFESSORAS DA ALDEIA

A primeira experiência foi voluntariamente. Depois, num segundo momento, fui contratada pela Secretaria de Estado da Educação como professora de língua materna. Aí, continuei: fiz o magistério que existia na época, em 2001. Depois, fiz pedagogia na USP e, então, abandonei tudo. Quero dizer, abandonei a situação de ser acadêmica, de ser a "professora que tem faculdade". Senti, em mim, o que muitas vezes eu também já havia falado para juruá que ia para a aldeia estudar (os antropólogos e tal): "Você tem que vir mais. Você tem que se familiarizar com a comunidade, com a aldeia, com as coisas, com o nosso modo de ser, para realmente fazer coisas de forma mais real, mais verdadeira, mais respeitosa. Tem que estar dentro do negócio, participar ali, conviver ali".

Eu senti que tinha que sair lá de dentro para fazer a diferença, porque é muito complexo esse tema da formação, dos educadores, dos professores, quais os caminhos, quais os apoios, quais as possibilidades de trabalhar num país onde não se tem apoio nenhum de fato, nem dos poderes públicos nem das repartições públicas que têm essa responsabilidade real. É muita complexidade mesmo. Não é culpa dos professores, não é culpa dos juruá, é culpa dessa política que se tornou tão forte, tão poderosa na questão do dinheiro, à custa da roubalheira do nosso território, das coisas da minha terra e da terra de tantos outros povos que nem existem mais, e de muitos ainda que existem hoje. "Eles" que travam tudo.

Educar? Imagina! Oferecer uma formação coerente, correta e justa para os educadores... trabalhar todas as questões, as diversidades culturais presentes no nosso país, para que a gente tenha um país mais justo... Uma dessas questões, por exemplo, seria de repente colocar um monte de indígenas lá em Brasília para decidir as coisas pelo nosso país, porque é a nossa casa, o nosso território, mas isso não é interessante, então é mais fácil não oferecer. É mais fácil manipular as pessoas, oferecer trabalhos de escravidão disfarçados com salário mínimo. Enfim, eu falo bastante, sou muito tagarela, é muito complexo. E esse tema mexe muito comigo.

Então, eu saí da escola para mostrar para as pessoas na aldeia que é possível aprender um pouco mais a cultura do juruá; é possível aprender a cultura do outro, a falar a língua do outro, a decodificar os códigos do outro, que não falam como você, e continuar valorizando a sua própria cultura, o seu próprio conhecimento.

Quando eu saí da escola, coloquei uma bota, peguei um facão, separei uma roupa específica para usar na roça... eu ficava indo lá, na aldeia. E eu tinha, ainda, que lidar com papelada. Muitas pessoas ficavam me olhando e, acho, pensando: "Nossa, coitadinha, lutou tanto, estudou tanto, e agora está assim?". Carpir, plantar, mexer com a terra é [visto como] algo "inferior"; coisa de gente "pobre" ou de gente "burra", talvez. Essa coisa diminuída.

Mas só sei que, hoje, existe um número muito grande de pessoas que estão muito felizes na roça. Adolescentes que estão inseridos nesse mundo tecnológico de celular, roupinha, dancinha, mas que, de repente, também não têm mais vergonha de carpir, de plantar e de sentar na terra; isso é a nossa cultura, é legal.

E, de repente, estou lá carpindo, plantando, estou no Senado fazendo palestra, e aí vou para a universidade fazer palestra, depois estou fazendo comida no fogo de lenha e tudo isso. Toda essa diversidade não me faz me sentir inferior. Na verdade, me fortalece.

MODELO ALTERNATIVO

Muito rapidamente, eu queria falar do modelo de uma educação alternativa que a gente inventou no nosso território. Hoje são duas as aldeias mais antigas: Tenondé Porã, e a outra, Krukutu, a sete quilômetros de onde eu nasci. Com muita luta, conseguimos a portaria declaratória em 2016,* para demarcar as terras indígenas. Como se ela não fosse nossa.

A política de juruá [os não indígenas] é que tem que decidir se esse pedacinho vai ser nosso ou não. E ainda depois eu tenho que ouvir: "Você é indígena, mas você já é civilizada, né?". Na verdade, eu não sou civilizada, eu sou muito selvagem, porque eu nunca, jamais iria para o país de um outro roubar

* A Portaria nº 548, de 5 de maio de 2016, declarou de posse permanente do grupo indígena Guarani a Terra Indígena Tenondé Porã, localizada em quatro municípios paulistas: Mongaguá, São Bernardo do Campo, São Paulo e São Vicente. (N. E.)

o território e, ainda, me colocar em uma posição de achar que eu que vou ter o direito de determinar se esse pedaço pode ser seu ou não.

Na educação alternativa, em vez de as doze aldeias novas* que a gente conseguiu – com muita luta – irem para duas escolas com o professor guarani, com a professora guarani, com quarenta ou cinquenta alunos em uma sala de aula, os professores é que saem das unidades escolares para atender os alunos nessas aldeias novas. A gente tem autonomia, tem a Constituição brasileira, que tem os parágrafos que determinam que a educação indígena tem direito, sim, de ter autonomia.**

DIVERSIDADES

Existem aldeias guaranis em seis estados do Brasil. No Estado de São Paulo, a gente tem Guarani *Mbya* no litoral sul, no litoral norte e na capital. A educação indígena guarani em São Paulo ainda está sendo sistematizada, só

---

* Além das aldeias de Krukutu e Tenondé Porã, fazem parte da Terra Indígena (TI) de Tenondé Porã as aldeias Takua Ju Miri, Ka'Aguy Hovy, Yporã, Tekoa Porã, Kalipety, Ikatu Miri, Tape Miri, Kuaray Oua, Yrexakã, Guyrapaju, Kuaray Rexakã e Kuaray Oua. (N. E.)

** Os Guarani entendem que a sala de aula é o espaço total da aldeia, e não apenas o ambiente tradicional com carteiras e lousa. Os professores vão até a aldeia para dar aulas por alguns dias; nos demais, os pais são responsáveis pelos ensinamentos aos filhos. (N. E.)

que nada disso impede que o trabalho pedagógico seja feito dentro do que as lideranças indígenas, os pais, os alunos maiores acham melhor.

Temos uma particularidade muito comum entre os Guarani: a maioria tem muita curiosidade, gosta de estudar, mas, terminou o terceiro do Ensino Médio, a maioria não quer fazer faculdade. Dois da minha aldeia foram fazer faculdade em São Carlos e voltaram depois de um ano. Esqueléticos, depressivos. E falaram: "A gente não quer mais fazer, é muito ruim ficar longe da aldeia, não falar a língua". Isso é uma particularidade.

Então, todo mundo conversa: se a maioria não quer fazer faculdade, só quer fazer até o terceiro do Ensino Médio, o que a gente tem que aprimorar para essa formação? E aí entra a importância de aprender o plantio, de conhecer as fases da Lua, de saber o que é que pode plantar com o quê, de lidar com a terra de forma respeitosa, de fazer o artesanato, de fazer as armadilhas do mato, enfim, tem que aprimorar esses conhecimentos, porque não se tem a ideia do mercado de trabalho, por exemplo.

Não é pensar numa coisa unificada para cinco etnias (que é o caso do Estado de São Paulo), mas que cada etnia continue tendo a sua particularidade.

PROVOCAÇÕES: O QUE SERIA DIFERENTE SE, NO BRASIL, FALÁSSEMOS GUARANI?

Eu já fui para o Paraguai, e lá todos os juruá falam o que eles chamam de língua geral do guarani paraguaio. É uma língua que não é guarani *mbya*, que é o meu, não é guarani *kaiowa*, não é *guarani paī*, não é guarani *ñandeva*... é um guarani paraguaio, mas que, falado pausadamente, a gente se entende bem.

Quando fui para lá, vi que essa língua escutada e compreendida por todos parecia mesmo que fazia com que as pessoas se relacionassem de forma mais harmoniosa. De repente, o juruá está lá no banco, com roupa social e gravata, com a cuia também e a garrafa da erva-mate do lado, e, quando olha para mim e vê meu colar, meu brinco, já fala "*Mba'éichapa*" ["Olá!"].

Eu penso que aqui, no Brasil, se todo mundo tivesse aprendido essa língua geral, ela poderia ser um canal de entendimento mais fácil entre nós, os povos indígenas e os não indígenas. A gente talvez pudesse traduzir, de forma mais rápida, por que a gente não quer destruir a natureza. A gente é colocado rapidamente como "povo vagabundo", "povo preguiçoso", "um estorvo para o país", porque a gente não quer destruir a natureza para fazer monocultura de milho, de mandioca, de soja, de qualquer coisa, para enriquecer, porque a gente tem na nossa essência que tem que viver apenas com o suficiente, que a gente não pode acumular nada e que a gente está aqui para fazer apenas uma passagem. Na nossa sabedoria, a criação do mundo se inicia com a natureza, não com os seres humanos. Por conta disso, a gente nunca vai ser soberano [em relação] à natureza. A juruá falando tudo isso em português talvez não seja tão forte quanto seria se eu falasse na mesma língua que aprendi quando criança.

O português, que é superdifícil, eu sofri muito para aprender. (Até hoje eu não sei, na verdade, direito.) Nossa Senhora, a língua guarani é muito mais fácil. Mas o português me permite falar com outros vários povos indígenas. No mês que vem eu vou para o Acre, para uma conferência, e lá vai ter quarenta povos. A língua de vocês me permitiu ir lá ter contato com eles.

ESTAMOS PRÓXIMOS

[Para ir para] A Terra Indígena Tenondé Porã, de onde eu venho, não precisa pegar avião grande, depois pequeno – esses que são ditos como "teco-teco" –, não precisa pegar barco para ficar sete dias na água. São só duas horas do centro da capital de São Paulo.

É só digitar, no Google, "comunidade guarani na capital de São Paulo", "luta pela demarcação em São Paulo", "povos indígenas", "cultura indígena na capital de São Paulo", enfim, essas palavras-chave, e já aparece um monte de coisas, e as pessoas podem buscar, podem se conectar. O nosso território foi o segundo território indígena, no Brasil, que teve a sistematização do plano de visitação na aldeia. Mas, mesmo sem ir à aldeia, já dá para ter uma ideia do que tem lá, de quem são, de como são.

Não dá para ficar esperando só a boa vontade – a boa vontade, não, a responsabilidade – ser executada pela política.

O coletivo de pensamentos, de vontades – independentemente também do que a gente tenha como função na vida –, pode buscar, a partir desses interesses mais justos, conhecer mais.

A minha aldeia, o meu território, a minha cultura, a minha língua, a minha resistência estão apenas a duas horas de vocês.

[PARTE II]

FORMAÇÃO PARA O TRABALHO E AS TECNOLOGIAS

GRINGO CARDIA,

artista visual e diretor da Spectaculu, escola de Arte e Tecnologia no Rio de Janeiro para jovens de 17 a 21 anos da rede pública de ensino, no 5º Fórum Internacional Senac de Educadores (2024).

“Por mais que a gente não seja uma escola de ator, a gente coloca o jovem em um palco, falando para todo mundo. O jovem, quando chega, ele olha pra baixo. Você fala: “Olha pra mim”, e ele vai abaixando a cabeça e olha pra baixo. É uma coisa física. E, no palco, a gente ensina a falar, a não ter vergonha, a pintar, a fazer um desenho, e isso é uma libertação. [...] Você tem que dar visibilidade ao jovem, para ele se ver. O bacana da arte é que você faz um trabalho e você é visto, alguém te escuta. O que a gente vê, a transformação, é principalmente da escuta. Você não ensina; você escuta para você ensinar e aprender com quem você está ensinando.

[CAPÍTULO 4]

TECNOLOGIA E EDUCAÇÃO

André Lemos

DO PRESENTE TEXTO

Fernando José de Almeida

O trabalho do André Lemos, que integrou a 4ª edição do Fórum, é um primor como olhar de conjunto sobre tão controversa questão: a síntese inteligente sobre o que é a inteligência humana, que produz as demais formas inteligentes de interpretação da vida.

Contrapondo-se aos binarismos de sim ou não, de certo ou errado, de pode ou não deve, André traz um antídoto radical para escapar deles: fuja da moda. Fuja da redução ontológica do ser ou não ser. Fuja do que parece novo, mas que é uma forma de mudança para continuar como tudo sempre foi.

O seu pensamento, como um rendado lógico e belo, não deixa de fora nenhuma das grandes questões colocadas ao mundo histórico e econômico dos seres humanos, e não apenas às tecnologias. Mostra que as tecnologias têm dono, portanto não são uma abstração disponível para todos.

Ele conclui com a poderosa ideia de que a educação tem que mudar para dar sentido às tecnologias e não aguardar delas as saídas justas e dignas para a humanidade. A ética é o tecido com que Lemos constrói seu pensamento: o bem comum e a qualidade do mundo que deixamos como legado.

***

Quando falamos de tecnologia e educação, frequentemente caímos em um lugar obscuro do entendimento. Tendemos a opor tecnologia ao humano, como se precisássemos resgatar o humano, natural, que supostamente se perderia na tecnologia, o artificial. Essa perspectiva é equivocada, já que nossa espécie se constitui de forma híbrida a partir de nossa fisiologia, a estrutura do corpo humano (*physis*, natureza), e os objetos e artefatos de que precisamos para existir (a técnica, *techné*). É nessa articulação que nos constituímos como espécie, sendo o primeiro da nossa linhagem o *Homo habilis*. Sem artefatos, sem manipulação de objetos, simplesmente não existimos como espécie.

É fundamental, a fim de evitar equívocos, que nos afastam dos verdadeiros problemas, compreender que nossa humanidade passa efetivamente pela relação híbrida com os objetos. Quando os escamoteamos como "simples instrumentos sem agência", perdemos a oportunidade de avançar no conhecimento mais completo da ação humana. A questão não é, portanto, o humano contra o artefato, mas politizar as formas como utilizamos os artefatos para potencializar nossa inteligência.

Precisamos entender a materialidade dessas tecnologias que se dizem etéreas e digitais, mas que, de fato, estão ancoradas em infraestruturas concretas. As materialidades do digital precisam ser valorizadas. Os dispositivos são construídos com energia e elementos da Terra, e os serviços digitais precisam de *datacenters* com ampla infraestrutura de consumo de energia e água para o tratamento, o armazenamento e a distribuição de dados. Eles não existem no "virtual" ou na "nuvem".

A questão ambiental é hoje parte importante do desenvolvimento da cultura digital, particularmente com a expansão da inteligência artificial, grande consumidora de energia e água. Nesse ritmo, não conseguiremos manter condições habitáveis de vida no planeta. Estamos violando o "princípio responsabilidade" (Jonas, 2006)[*]: uma determinada sociedade deve conseguir manter pelo menos as mesmas condições de existência para as gerações futuras.

---

* JONAS, Hans. **O princípio responsabilidade**: ensaio de uma ética para a civilização tecnológica. Rio de Janeiro: Contraponto; Editora PUC-Rio, 2006.

SOBRE ARTEFATOS, EDUCAÇÃO E INTELIGÊNCIA

O processo educacional é mediado por artefatos, começando pela sala de aula como um dispositivo construído para esse tipo de prática. Se encontrássemos nossos alunos na praia e começássemos a falar de Platão e Aristóteles, eles diriam que aquele não é lugar para isso – e estariam certos. Construímos espaços artificiais específicos para determinados tipos de discurso e utilizamos "tecnologias da inteligência" para produzir e ampliar a nossa, desde as técnicas mágicas, passando pela escrita até a internet. A confusão entre inteligência, artefatos, humanos e natureza volta sempre no ambiente educacional.

Por exemplo, algumas universidades estão banindo o uso do ChatGPT. Guardadas as devidas proporções, seria como banir os livros e as obras de referência, como enciclopédias, por serem fontes de cópia ou por conter erros (sim, livros e enciclopédias contêm erros!). Certamente, essas tecnologias da inteligência não devem servir à cópia, mas à circulação da informação, de visões de mundo, ao fomento ao conhecimento crítico (questionar o que se lê) e, portanto, a ampliar a nossa inteligência. No caso da IA, seria mais interessante utilizar essa ferramenta como instrumento pedagógico e não a banir. A questão é saber fazer boas perguntas e ter lastro para criticar o que se lê. Como utilizar a tecnologia para ampliar o conhecimento e a ação crítica?

Pensamos e nos tornamos mais "inteligentes" com a escrita. Se perguntássemos há 3 mil anos antes de Cristo se aquela ferramenta contábil serviria à expansão do espírito humano, provavelmente responderíamos que não. Dependemos desses artefatos para ampliar a nossa capacidade neurofisiológica, já que inteligência é o que emerge desse entrelaçamento entre corpo e *techné*.

O problema não está, portanto, na relação entre humanos e artefatos, já que não há outra maneira de estar no mundo. Isso não significa aceitar, mas questionar a partir do entrelaçamento. O tensionamento deve vir sempre de problematizações das construções. Somos seres da técnica, mas isso não basta para aceitarmos tudo o que vem dessa relação.

A ação tecnocientífica humana produziu maravilhas, mas levou o planeta à crise climática e ao perigo de sua destruição. A atual Era do Antropoceno é marcada justamente pela transformação do mundo por meio da ação artificial humana (Crutzen; Stoermer, 2000).*

Seguindo essa linha de raciocínio, não há nem inteligência artificial nas máquinas, nem natural nos humanos. Nossa inteligência sempre foi fruto de um processo artificializante. Diferentemente das máquinas, temos um corpo, e nosso pensamento é vinculado ao corpo e às suas características físico-neurológicas, sem que isso signifique que ele seja isolado ou independente dos objetos. Esses ampliam nossa compreensão e nossa ação sobre o mundo. Portanto, nossa inteligência é fruto não de modelos estatísticos e inorgânicos, mas de um entrelaçamento entre corpo e artefatos. Pensar é passar por outros a partir de dispositivos e tecnologias da inteligência (a escrita, os livros, a escola, os textos científicos, literários, artísticos, o audiovisual...).

Pensamos de fora para dentro, não apenas de dentro para fora, porque são esses elementos externos que nos permitem articular linguagem, cognição e matéria. Conseguimos pensar juntos porque temos estruturas que nos permitem fazer isso. É uma ilusão pensar a oposição entre inteligência artificial das máquinas e a natural, humana, pois seriam mais complementares do que concorrentes. Nem a primeira é totalmente inteligente, pois não tem corpo, nem a segunda é totalmente natural, pois o corpo não basta.

---

* CRUTZEN, Paul J.; STOERMER, Eugene F. The "Anthropocene". **Global Change Newsletter**, n. 41, 2000.

Um exemplo. Um aluno me perguntou certa vez se um dia conseguiremos pegar a mente de uma pessoa e colocá-la num dispositivo para ter toda a sua inteligência para sempre acessível. Perguntei o que a turma achava e recebi um coletivo "não"! Mas e se pensarmos que esse dispositivo já existe há séculos… e que ele se chama livro? Não poderemos, assim, entender as mediações dos objetos de outra maneira? O livro contém o que a mente de pensadores como Platão, Aristóteles ou Beckett tem de mais refinado em seus pensamentos, pois foi escrito, reescrito, discutido, publicado. E de onde eles tiraram essas ideias? De outros livros, de outros textos e de outras experiências. Os livros (as tecnologias da inteligência de uma maneira geral) materializam nossa inteligência e fomentam a sua ampliação. Existe, consequentemente, uma ecologia de artefatos que nos faz pensar melhor e que deve ser levada em consideração para qualificarmos o debate e sairmos da polarização simplória entre "natural" e "artificial", entre "essencial" e "construído".

A discussão central é situar e entender concretamente os processos educacionais e a nossa relação com os artefatos. Não se trata de rejeitar ou aceitar tecnologias de forma absoluta, mas de compreender contextualmente como elas operam em cada situação específica, sempre considerando que nossa constituição como sujeitos é fundamentalmente coletiva e mediada por artefatos. Quando falamos de tecnologias para processos educacionais, surge sempre a questão: que tecnologia vamos usar? Essa abordagem me preocupa porque o foco não deveria estar na tecnologia em si, mas no que queremos alcançar e quais instrumentos mobilizaremos para desenvolver determinadas coisas.

Há algum tempo, a última moda era o "metaverso". Participei de vários debates em universidades e escolas sobre como "o metaverso vai mudar tudo" e "como vamos implantar o metaverso aqui". Desapareceu com o surgimento da IA generativa. Agora tudo é IA. Se tentamos seguir sempre a última novidade, ficamos reféns desses desenvolvimentos e perdemos de vista a pergunta fundamental: vamos usar isso para que exatamente? O projeto é que importa, não usar necessariamente a última tecnologia da moda. O Brasil deve desenvolver políticas públicas para inovação em todas as áreas – metaverso, inteligência artificial, internet, conexão. Mas o projeto deve ser pensado para dar sentido às tecnologias utilizadas.

SUBJETIVIDADE COLETIVA

Precisamos quebrar o antropocentrismo que complica nossa análise dos problemas e pensar em dependência, não em independência; reconhecer que nossa subjetividade é coletiva! Ela é produzida "de fora para dentro", a partir das relações com pessoas, objetos, conceitos, instituições, mídias... As épocas vão induzindo a criação da subjetividade e o "indivíduo" que é mais "*divíduo*" (Deleuze,

1992)* múltiplo e atravessado por outros humanos, objetos, instituições...

Um diálogo esclarecedor ilustra essa questão. Um avô diz ao neto: "Mas, meu filho, você só ouve o que o Spotify diz para você ouvir? Na minha época, eu entrava no carro e ouvia música no rádio. Eu comprava minhas músicas, eu era livre". O neto responde: "Mas você também não era livre. Que músicas tocavam no rádio? Eram poucas músicas – havia o jabá que pagava para a música tocar. Que músicas chegavam na loja onde você comprava seus discos? Eram poucas também". O avô insiste: "Não! Mas na minha época eu era mais livre. Veja só, você namora pelo Tinder? Eu não – saí, encontrei sua avó ao acaso". O neto questiona: "Será que foi acaso mesmo? Não foi no seu bairro, ela não era da sua classe, ou colégio, da sua cor, dos lugares que você frequentava? Não foi isso que formou você? Ou você a encontrou num lugar completamente diferente?". Sempre existe uma "curadoria" que constitui nossa subjetividade coletiva.

Podemos questionar a ideia de autonomia individual (ela é importante economicamente, juridicamente, mas não se sustenta ontologicamente). Somos seres atravessados, seres fabricados por relações, instituições, dispositivos e objetos que vão servindo como elementos na construção da pessoa e no seu reconhecimento. E não se trata do coletivo apenas dos humanos, mas do humano com não humanos (objetos, animais, seres...). Talvez seja o momento de reivindicarmos a dependência, de nos abstrairmos da ideia de unicidade e de independência (sujeito/objeto, natureza/cultura, razão/

* DELEUZE, Gilles. Post-scriptum sobre as sociedades de controle. In: DELEUZE, Gilles. **Conversações, 1972-1990**. Rio de Janeiro: Editora 34, 1992.

emoção, indivíduo/coletivo...). A independência foi a arma da modernidade para subjugar o outro (o não moderno, os seres da natureza...). Chegamos ao Antropoceno. É preciso um reconhecimento ativo da dependência (Enroth, 2021)* e do entrelaçamento entre todas as coisas para vislumbrarmos novas maneiras de "fazer mundo".

AMBIVALÊNCIA DAS TECNOLOGIAS

As tecnologias não são boas em si mesmas – são sempre problemáticas. Não devemos analisar as tecnologias de forma transcendente, mas sempre de forma imanente, observando o que esse coletivo produz e como ele é produzido. Não existe garantia de que algo será bom ou ruim, que algo se dará dentro das configurações em que os objetos foram constituídos e que o lugar em que eles se desenvolverão os fará funcionar como previsto. As redes sociotécnicas resultam de agências plurais e por vezes imprevisíveis, e é preciso sempre estar atento ao que os agentes fazem e fazem outros fazerem.

Nos anos 1990, a internet se configurava como uma rede sociotécnica que impulsionava a emancipação do espírito, a possibilidade de conhecimento expandido, a circulação de

* ENROTH, Henrik. Declarations of dependence: on the constitution of the Anthropocene. **Theory, Culture & Society**, v. 38, n. 7-8, 2021.

ideias e trabalhos colaborativos. Vários movimentos sociais usaram esses dispositivos para formar o que chamávamos, à época, de "comunidades virtuais" (Lemos, 2002).* Hoje, com a atual sociedade de plataformas, com o capitalismo de dados e vigilância e com a inteligência artificial generativa, essa emancipação está ameaçada com desinformação, negacionismo, manipulação algorítmica da atenção e das emoções, polarização política e ampliação da crise climática...

As mesmas tecnologias que nos permitem realizar eventos a distância, driblando espaço e tempo, também criaram uma sociedade de plataformas que estimula menos a descoberta de coisas diferentes e mais a constituição de bolhas e o reforço de gostos, servindo ao controle do conteúdo e o cerceamento da diversidade pela lógica da recomendação algorítmica. As redes sociais são tão performativas que acabamos acreditando que somos aquilo que elas nos recomendam.

Analisar as redes exige um olhar atento às mediações em curso e uma atenção ao que propõem os mediadores. Como vimos, a capacidade emancipadora da microinformática – uma guerrilha contra a grande informática nos anos 1970, visando colocar computadores nas mãos das pessoas – foi capturada. Hoje, a sociedade de plataformas é controlada por cinco grandes empresas no Ocidente, mais cinco na China, o que ameaça países do Sul-Global de um novo colonialismo (de dados) e põe em risco suas soberanias. O Brasil, sendo grande usuário dessas tecnologias, envia dados para o Norte, onde desenvolvem inteligência, criam

---

* LEMOS, André. **Cibercultura**: tecnologia e vida social na cultura contemporânea. Porto Alegre: Sulina, 2002.

empresas e inovam, enquanto aqui recebemos tudo pronto e continuamos na dependência. Mesmo cooperativas de plataformas locais dependem de grandes infraestruturas globais (Google, Apple, Amazon, Meta, Microsoft...). Como escapar desse processo sem regulação adequada das plataformas e da inteligência artificial sem desenvolver soluções nacionais?

TECNOLOGIAS PARA O BRASIL

Pensar sobre isso me parece importante porque estamos num momento crucial do planeta, especialmente para povos ancestrais, povos originários, povos da floresta, outros animais, objetos, entidades da natureza, como rios, árvores, montanhas... Se continuarmos na mesma direção de "independência" que constituiu o projeto moderno (dessacralização do mundo, tornando o ambiente estoque de matéria e energia para fins humanos), não conseguiremos reconhecer outros seres aos quais devemos respeitar, levando certamente a uma catástrofe planetária. É preciso uma lógica de dependência não antropocêntrica.

Quando pensamos em inovação e instrumentos tecnológicos no Brasil, devemos incluir os povos originários e ancestrais que possuem conhecimentos fundamentais para garantir a existência no planeta e que podem ajudar a criar tecnologias que expressem os anseios nacionais. Que tecnologias podemos desenvolver que resgatem essa dimensão do comum e sejam peculiares para a nossa sociedade, o nosso país? Esse é um desafio muito grande: inovar em todas as áreas, ser competitivo no contexto ocidental, mas também criar algo que possa expressar a nossa potência. O Brasil não é só carência, é potência. Qual é a potência que podemos realizar? Não é fácil encontrar essa resposta, mas deveríamos avançar no sentido de usar as tecnologias para um projeto de restabelecimento do comum.

Esse é nosso desafio num momento de negacionismo científico, extremismo, violência, retrocessos políticos e guerras anacrônicas revelando uma falência planetária da dimensão do comum. Uma tecnologia que não esteja atrelada a essa preocupação não servirá para nada. Estamos num momento importante do planeta (a crise climática seria uma forma de unificar um pacto de dependência) para pensar que formas de associação desenvolveremos com as coisas daqui para a frente. A questão central não é qual tecnologia usar, mas como as tecnologias podem servir a um projeto maior de preservação e restabelecimento do comum. Num contexto de crise planetária, precisamos de inovações que reconheçam nossa interdependência com outros seres e saberes, integrando conhecimentos ancestrais e contemporâneos para criar alternativas sustentáveis para as próximas gerações.

CONCLUSÃO

Propomos uma reflexão sobre a relação entre tecnologia e educação, questionando pressupostos fundamentais que habitualmente orientam nosso pensamento sobre o tema. Apontamos perspectivas que transcendem as dicotomias tradicionais para propor uma compreensão situada dos processos educacionais mediados por tecnologias. É fundamental desconstruir a oposição entre humano e tecnologia. A humanidade não existe em separado dos artefatos, mas se constitui precisamente na articulação entre sua dimensão biológica e sua capacidade técnica. Essa perspectiva híbrida dissolve a falsa questão de "resgatar o humano" da tecnologia.

Essa compreensão tem implicações profundas para a educação. Se nossa inteligência é fundamentalmente artificial – no sentido de que se constitui por mediações externas –, então a questão não é se devemos usar tecnologias na educação, mas como utilizá-las de forma consciente e situada para potencializar processos de aprendizagem e desenvolvimento humano, evitando tecnofobia ou tecnofilia acrítica.

As tecnologias são ambivalentes, e seus efeitos dependem das configurações sociais, políticas e econômicas em que se inserem, por isso devem ser analisadas de forma situada. A mesma internet que nos anos 1990 prometia emancipação e democratização do conhecimento hoje se encontra capturada por grandes corporações que promovem polarização, desinformação e manipulação. Análises imanentes

– que observam as tecnologias em seus contextos concretos de uso – são essenciais para desenvolvermos uma pedagogia crítica das tecnologias. Trata-se de compreender como esses artefatos operam em cada situação específica e como podem ser mobilizados para fins educacionais genuínos.

Devemos reconhecer que nossa subjetividade é produzida coletivamente. Somos "seres atravessados e fabricados" por uma multiplicidade de agentes – pessoas, instituições, objetos, mídias. Essa perspectiva desfaz o mito da autonomia individual e nos ajuda a compreender que a educação é sempre um processo coletivo que envolve não apenas humanos mas também artefatos, espaços, materialidades. Reconhecer essa dimensão coletiva da constituição subjetiva é fundamental para pensar a educação no século XXI. Em vez de focarmos o indivíduo isolado diante da tela, precisamos compreender as redes sociotécnicas complexas que o atravessam e o constituem.

Vivemos no Antropoceno, era geológica marcada pela transformação radical do planeta pela ação humana. Nesse contexto, a educação não pode ser pensada apenas como transmissão de conhecimentos, mas como processo de formação de subjetividades capazes de enfrentar os desafios ecológicos e sociais contemporâneos. O conceito de "comum" – que inclui povos ancestrais, povos originários, outros animais e ecossistemas – oferece uma perspectiva ampliada para pensar a educação. Não se trata apenas de formar sujeitos competitivos no mercado global, mas de desenvolver formas de conhecimento e relação que possam contribuir para a preservação das condições de vida no planeta. Deve-se buscar reconhecer entrelaçamentos e dependências, e não independências que levem a fechamentos e a visões antropocêntricas.

Alternativas tecnológicas devem ser, ao mesmo tempo, inovadoras e enraizadas em nossa realidade, com o pé na terra (Latour, 2020).* Os saberes dos povos ancestrais e originários sugerem possibilidades de desenvolvimento tecnológico que articulem conhecimentos antigos e contemporâneos, criando alternativas ao modelo tecnocientífico dominante. Esse desafio é particularmente relevante para o Brasil, país que concentra grande diversidade cultural e ecológica. Como desenvolver tecnologias educacionais que valorizem essa diversidade e contribuam para a construção de alternativas sustentáveis? Essa é uma questão em aberto que demanda experimentação e criatividade.

Em vez de sermos arrastados pelas modas tecnológicas, precisamos definir claramente nossos objetivos estratégicos e, então, mobilizar conscientemente os instrumentos mais adequados para alcançá-los. Essa inversão de prioridades é essencial. Não se trata de incorporar passivamente as últimas inovações, mas de desenvolver a capacidade de avaliar, selecionar e utilizar tecnologias de forma situada e intencional. A superação das dicotomias tradicionais, combinada com uma análise imanente das tecnologias e uma visão ampliada do comum, abre caminhos para uma perspectiva mais consciente das dependências, e, consequentemente, mais comprometida com a preservação das condições de vida no planeta.

---

* LATOUR, Bruno. **Onde aterrar?**: como se orientar politicamente no Antropoceno. Rio de Janeiro: Bazar do Tempo, 2020.

O desafio que se coloca é traduzir essas reflexões em práticas concretas que sejam, ao mesmo tempo, inovadoras e críticas, tecnologicamente sofisticadas e ecologicamente responsáveis, globalmente conectadas e localmente enraizadas. A educação, sendo sempre artificial e mediada por artefatos, deve ser conscientemente construída. A questão fundamental não é se devemos usar tecnologias na educação, mas como construir processos educacionais que contribuam para a formação de sujeitos capazes de enfrentar os desafios contemporâneos, de reconhecer dependências, valorizar outros modos de existência e romper com perspectivas antropocêntricas que insistem em ilusórios processos de independência.

[CAPÍTULO 5]

EDUCAÇÃO PARA O TRABALHO NA REVOLUÇÃO DIGITAL

Ladislau Dowbor

DO PRESENTE TEXTO

Fernando José de Almeida

O Prof. Dr. Ladislau Dowbor, participante da 3ª edição do Fórum, em 2022, é um dos maiores especialistas no Brasil em planejamento de nações.

O que será isso em tempos de tantas globalizações?

A globalização é só um arranjo financeiro do mundo.

A arrumação das distribuições dos benefícios, das riquezas de cada nação, da solidariedade entre elas, da paz social, das vivências democráticas, dos reais intercâmbios culturais passa longe das práticas da globalização.

Mas o que chamei de “planejamento de nações” é outra coisa. Trata da paz transfronteiriça, desenvolve-se com os acordos científicos entre regiões, cria cooperação entre as culturas, danças e músicas, articula formas de estocar alimentos, de plantios familiares, de tratamentos de epidemias e de desenvolvimento de vacinas em territórios sempre mais amplos. Protege as crianças. Cuida de quem envelhece.

Ladislau trabalhou na África, na América Latina, na Ásia e na Europa, mais especificamente na Suíça, assessorando a ONU e acompanhando Paulo Freire em múltiplas missões para países que se reconstruíam após longas lutas contra o colonialismo.

Atualmente, é professor na PUC-SP, na área de Educação: Currículo.

Seu texto reflete essa sua capacidade de enxergar parte significativa dos desafios futuros da educação.

E ele conclui seu pensamento afirmando que "o dilema, para variar, é político. Na eterna propensão de uma parte da humanidade querer viver do trabalho das maiorias, tivemos a propriedade de outros seres humanos, com a escravidão, o controle do acesso à terra no quadro do feudalismo (e do latifúndio), a propriedade privada das indústrias no capitalismo, e temos hoje a guerra pelo controle da economia imaterial, no que tem sido chamado de modo de produção rentista, ou informacional. Pouco importam os nomes aqui, e sim a compreensão do novo mecanismo: é quem controla as teclas, por assim dizer, que está no poder. [...] As altas tecnologias permitem os mais profundos retrocessos".

Mas também, conclui ele, este é um caminho sem o qual não haverá condições de reverter e melhorar as grandes causas da humanidade. Como? Tal é a função da educação, da escola, da reflexão e das políticas sociais.

Vamos ao texto.

***

For the times,
they are a'changin'

Bob Dylan

O que ronda nossas cabeças é que as tecnologias vão substituir nossos empregos. Mas também que surgem novos empregos, para os quais teremos de assegurar outro tipo de formação. Eu trabalho com a visão de que, com a Revolução Digital em curso, tão profunda e transformadora como foi a Revolução Industrial, e o recrudescimento dos desastres sociais e ambientais, vale a pena ampliar essa discussão. E, inclusive, tomar providências.

Trabalho? Não há como não começar desenhando o pano de fundo, os dados estruturais, apurados pelo Instituto Brasileiro de Geografia e Estatística (IBGE). São números simples, que ajudam. O Brasil tem hoje 215 milhões de habitantes. Em idade de trabalho, temos 140 milhões de pessoas, usando o critério internacional da faixa entre 16 e 64 anos. A força de trabalho efetiva, ou seja, os que estão trabalhando ou buscando emprego, é de 110 milhões. Nestes, temos cerca de 7 milhões de desempregados. Além disso, existem aproximadamente 3 milhões de pessoas "desalentadas", ou seja, que querem trabalhar, mas desistiram de buscar por falta de oportunidades. Efetivamente ocupadas, 102 milhões de pessoas.

Aqui começa o drama. O emprego formal privado é da ordem de apenas 46 milhões de pessoas. São empregos mesmo, com carteira assinada, direitos, aposentadoria. A isso devemos acrescentar 13 milhões de empregos públicos, também formais. Ou seja, efetivamente empregadas, somando público e privado, arredondando, 60 milhões de pessoas, para uma força de trabalho de 110 milhões. Os outros 50 milhões, o que fazem?

Como ordem de grandeza, temos 40 milhões de pessoas no setor informal. Eu moro na Lapa, em São Paulo. Descendo alguns quarteirões, no centro do bairro, inúmeras pessoas na rua ficam paradas, vendendo bugigangas de plástico e semelhantes, com produtividade baixa ou negativa. Como ordem de grandeza, o IBGE estima que essas pessoas ganham a metade do que ganham as pessoas do setor formal. E, no formal, não é fortuna: pouco mais de R$ 3 mil.

Temos, assim, uma imensa massa de pessoas fazendo coisas pouco úteis, ganhando uma miséria. Se somarmos o setor informal, os desocupados e os desalentados, são dezenas de milhões de pessoas paradas ou subaproveitadas. A subutilização dos nossos recursos humanos é um drama de primeira ordem. É um problema estrutural que não se resolve esperando que "os mercados" ajam. Exige medidas proativas e a convergência de políticas públicas, privadas e da sociedade civil para construir políticas de inclusão produtiva.*

Entender a dimensão desse desafio é importante, pois as pessoas acham que as novas tecnologias, substituindo pessoas por máquinas e robôs, é que vão gerar desemprego e subocupação da força de trabalho, como se fosse um desafio novo. A tendência é real, mas a subutilização das nossas capacidades produtivas já é imensa e faz parte de um drama mais amplo, o da desigualdade. A educação tem, sem dúvida, um papel estratégico, mas tem de ser vista como elemento estruturante de uma transformação mais ampla.

A pedra angular do drama é a desigualdade absolutamente escandalosa, que nos coloca entre os dez países mais desiguais do planeta. É uma característica estrutural herdada, sem dúvida, mas permanentemente reproduzida, como mostra tão bem Mário Theodoro em *A sociedade desigual.*** São remunerações desiguais segundo raça ou gênero, bairros desiguais, justiça desigual, inclusão digital desigual, transporte desigual (horas por dia) e políticas sociais desiguais. A privatização da saúde está aprofundando a desigualdade, com o poder das sete grandes corporações privadas da área, e a educação também aprofunda e sedimenta a desigualdade pela privatização acelerada. Quando interesses privados se apropriam das políticas sociais, buscam naturalmente o mercado que tem dinheiro, quem

---

* Para mais informações acerca desse assunto, ver meu livro *Resgatar a função social da economia: uma questão de dignidade humana* (2023). Disponível em: https://dowbor.org/2022/04/resgatar-a-funcao-social-da-economia-uma-questao-de-dignidade-humana.html. Acesso em: 16 jun. 2025.

** THEODORO, Mário. **A sociedade desigual**. São Paulo: Zahar, 2022. (A respeito dessa obra, fiz a seguinte resenha: https://dowbor.org/2022/05/a-sociedade-desigual-racismo-e-branquitude-na-formacao-do-brasil.html. [Acesso em: 16 jun. 2025.])

pode pagar. Cobrando R$ 10 mil por mês, você pode sem dúvida fornecer serviços educacionais de qualidade, mas está ampliando o desastre, construindo um futuro mais desigual, congelando a deformação herdada.

Antes de pensarmos nas transformações da educação diante da Revolução Digital, portanto, temos de pensar nos desafios centrais que temos pela frente. De certa forma, temos de pensar o que de mais moderno surge com as novas tecnologias levando em conta as dimensões mais significativas do nosso atraso. Sem dúvida, um conjunto de atividades repetitivas e burocráticas será substituído. Um exercício recente de uma rede bancária consistiu em um *brainstorming* sobre como seriam organizadas as agências bancárias mais modernas. A conclusão óbvia é de que não haverá agências bancárias. O próprio dinheiro como notas impressas deixará de existir. Mas isso em si é um progresso.

A realidade é que o conjunto de transformações tecnológicas que vivemos, ao nos tornar mais produtivos, representa sim um avanço. Fazer mais coisas com menos esforço é bom. O enfrentamento da ameaça é simples: redução da jornada de trabalho. Com produtividade maior, poderemos satisfazer nossas necessidades humanas com menos esforço, e isso é positivo. Keynes já escreveu nos anos 1930 que, no tempo que ele imaginava ser dos seus netos, com os avanços tecnológicos, 15 horas semanais seriam suficientes para o que precisamos. Hoje, temos gente sobrecarregada de trabalho de um lado, e uma massa de gente sem acesso a uma forma digna de ganhar a vida de outro.

A França já avançou há tempos para a semana de 35 horas, com resistências e retrocessos, mas a tendência é clara.

Temos os trabalhos de Pedro Gomes sobre a semana de quatro dias, *Sexta-feira é o novo sábado*,* e o excelente *Travailler moins pour travailler tous*" ["Trabalhar menos para todos trabalharem"] encampado pelos sindicatos franceses, que já discutem as 32 horas. A Confédération Générale du Travail (CGT) inclusive já apresenta o potencial de mais um dia livre permitir enriquecimento cultural e educação que atualizem as pessoas com os conhecimentos necessários. A Dinamarca e a Alemanha avançaram mais. Ou seja, em vez de ficar esperando que os mercados resolvam, trata-se de organizar a sociedade para que os recursos subutilizados sejam aproveitados, ao mesmo tempo que se abrem espaço e tempo para que o conjunto da sociedade se modernize, viva melhor. Não é um problema econômico, e sim de organização política e social.

Juntar as questões da educação, da tecnologia e da jornada é óbvio: não é uma nova "situação" que enfrentamos, e sim um processo acelerado de transformação que vai perdurar, exigindo que as pessoas tenham tempo e infraestruturas para se requalificarem à medida que as formas de trabalho se deslocam. É líquido, como diria Bauman.

O problema, portanto, não está nas tecnologias, mas na sua apropriação por gigantes corporativos que as utilizam para maximizar lucros a qualquer custo, ao mesmo tempo que sobrecarregam e superexploram os seus empregados. Uma olhada nas relações de trabalho na Amazon é instrutiva, mas não excepcional. Por banal que pareça, o problema da inteligência artificial é a falta da reorganização social

---

* GOMES, Pedro. **Sexta-feira é o novo sábado**: como uma semana de trabalho de quatro dias poderá salvar a economia. Lisboa: Relógio d'Água, 2022.

correspondente. Essa última depende da inteligência natural e, sobretudo, de bom senso e decência política. E, por que não, de um elementar senso de ética.

Aliás, não precisamos ficar limitados à subutilização nos 110 milhões que compõem a nossa força de trabalho. As pessoas que ficam em casa - em particular, as mulheres - prestam um imenso serviço de cuidados à sociedade. Um estudo recente estimou que, se calcularmos as horas de trabalho não remunerado em casa, valorizando a hora no nível de salário mínimo, o aporte corresponderá a 9% do Produto Interno Bruto (PIB) mundial. São cifras vagas, sem dúvida, mas as pessoas que ficam em casa precisam ser inundadas por idiotices que vemos na TV, ou que invadem nossos celulares? Os Estados Unidos criaram a Public Broadcasting System (PBS), que permite acesso gratuito a programas de grande riqueza cultural e científica, numa rede de instituições universitárias, programas assistidos por dezenas de milhões de pessoas. Aliás, com o computador e a conectividade, muita dona de casa está descobrindo novos horizontes profissionais. O espaço domiciliar pode ser transformado.

Uma boa TV pública e uma infraestrutura digital generalizada, com redes sociais públicas e gratuitas, podem trazer imensos avanços culturais e educacionais para toda a população. A educação não pode mais ser vista apenas como atividade de sala de aula, e a vida não está mais claramente dividida em idades de estudo, de trabalho e de aposentadoria.

Na era da Revolução Digital, o conhecimento se torna o principal fator de produção, e com isso a educação, cuja matéria-prima é o conhecimento, adquire uma dimensão radicalmente nova: está no centro das próprias transformações econômicas. Mas é uma educação vista de maneira muito mais ampla, integrada, na qual a sala de aula é apenas uma das dimensões. Trata-se de pensar como a sociedade do conhecimento reorganiza a sociedade.*

Alguns pontos de referência, visando à compreensão da mudança sistêmica: o meu celular, por exemplo, pode ter 5% de trabalho físico e de matéria-prima no seu valor. Os outros 95% constituem conhecimento incorporado. A indústria e a agricultura não desaparecem com a Revolução Digital, da mesma forma que a agricultura não

* Meu livrinho *Tecnologias do conhecimento: os desafios da educação* foi atualizado em junho de 2024. Disponível em: https://dowbor.org/wp-content/uploads/2024/06/23-TecnDoCnh2013.pdf. Acesso em: 16 jun. 2025.

desapareceu com a Revolução Industrial, mas o eixo estruturante da sociedade passou a ser a indústria, como hoje é o papel do conhecimento.

Segundo ponto, com a Revolução Digital, o conhecimento passa a ser imaterial, passível de ser disponibilizado gratuitamente em qualquer parte do mundo a partir de um celular que cabe no bolso. O custo zero é essencial, pois, se no produto industrial cada unidade de produto envolve novos custos, no caso do conhecimento, uma vez produzido, ele pode ser disponibilizado de maneira generalizada, sem custos adicionais.* Essa compreensão levou Elinor Ostrom e Charlotte Hess a apresentarem o novo marco sistêmico do conhecimento – e, portanto, da educação – em livro simples e direto: *Understanding knowledge as a commons*. Isto é, entender o conhecimento como bem comum.**

Com as infraestruturas modernas de transmissão, emissão e recepção de ondas eletromagnéticas, redes de satélites e cabos de fibra óptica, o conhecimento acumulado da humanidade passa simplesmente a banhar o planeta, e os *softwares* correspondentes permitem que sua seleção e tratamento inteligente estejam disponíveis para qualquer pessoa. Qualquer pequeno agricultor pode hoje disponibilizar de análise de solo, análise hídrica, tecnologias de

---

* IFKIN, Jeremy. **Sociedade de custo marginal zero**. Rio de Janeiro: M.Books, 2015. Veja resenha em: https://dowbor.org/2015/03/jeremy-rifkin-the-zero-marginal-cost-society-the-internet-of-things-the-collaborative-commons-and-the-eclipse-of-capitalism--new-york-palgrave-macmillan-2014.html. Acesso em: 16 jun. 2025.

** OSTROM, Elinor; HESS, Charlotte (org.). **Understanding knowledge as a commons**. Cambridge: MIT Press, 2007. Elinor Ostrom é Nobel de economia. Veja resenha do livro em: https://dowbor.org/2015/05/elinor-ostrom-e-charlotte-hess-understanding--knowledge-as-a-commons-entendendo-o-conhecimento-como-um-bem-comum-cambridge-mit-press-cambridge-2007.html. Acesso em: 16 jun. 2025.

agricultura regenerativa e assim por diante. Trata-se de gigantescas oportunidades colaborativas e de cocriação de avanços por meio de universidades e centros de pesquisa distribuídos no planeta. O mundo pode se encharcar de conhecimento.

A Revolução Digital busca o ambiente de colaboração da mesma forma como o capitalismo industrial navega na guerra da competição. A China trabalha o conhecimento com o Open Resources for Education (ORE), da mesma forma como o Massachusetts Institute of Technology (MIT) o trabalha com o OpenCourseWare (OCW), ambientes gratuitos e colaborativos muito mais produtivos do que os segredos de patentes ou as limitações dos *copyrights*. A Wikipédia, ambiente gratuito colaborativo, mostra a que ponto o sistema pode ser transformado. O livro *Wikinomics*, de Don Tapscott e Anthony Williams, mostra como empresas privadas que lidam com conhecimento descobriram o potencial da colaboração.*

A inteligência artificial abre novo capítulo nesse mundo em transformação, na desmaterialização do vetor estruturante da economia e da sociedade que é o conhecimento. Mustafa Suleyman nos traz uma excelente síntese das oportunidades e dos desafios em seu livro *The coming wave*, publicado em 2023 no Brasil como *A próxima onda*.** O problema, naturalmente, não está nas tecnologias, mas na forma de

---

* TAPSCOTT, Don; WILLIAMS, Anthony D. **Wikinomics**: como a colaboração em massa pode mudar o seu negócio. Rio de Janeiro: Nova Fronteira, 2007. Veja resenha em: https://dowbor.org/2008/03/wikinomics-2.html. Acesso em: 16 jun. 2025.

** SULEYMAN, Mustafa; BHASKAR, Michael. **The coming wave**: technology, power and the 21st century's greatest dilemma. New York: Crown, 2023. Veja resenha em: https://dowbor.org/2024/06/a-proxima-onda-inteligencia-artificial-poder-e-o-maior-dilema-do-seculo-xxi.html. Acesso em: 16 jun. 2025.

sua utilização: quem se apropria, com que fins, e no quadro de que marco regulador. Uma excelente leitura, pé no chão, sobre a principal força transformadora da nossa sociedade. O autor expõe essa transformação social que representa o fato de que "a soma de milhares de anos de estudos e pesquisa humanos está ao alcance de um toque no botão" (Suleyman; Bhaskar, 2023, p. 152, tradução nossa).

Mas essa transformação exige a capacidade de "controlar e direcionar as tecnologias para que constituam um benefício líquido para a humanidade" (2023, p. 152), um desafio que Suleyman qualifica de assustador, dado em particular o quadro de desigualdade: a riqueza é hoje concentrada num minúsculo clique. O fato é que os impactos são imensos, e "a próxima onda irá gerar um choque imenso nos sistemas que governam as sociedades" (2023, p. 152). Muito consciente ao mesmo tempo das oportunidades que se abrem e das ameaças pelo seu controle ou descontrole, ele sistematiza os desafios. "O problema central da humanidade no século XXI é como gerar suficientes poder e sabedoria política legítimos, domínio técnico adequado e normas robustas para restringir as tecnologias de modo que continuem a fazer muito mais bem do que mal (*harm*). Como, em outras palavras, podemos conter o descontrolado" (2023, p. 228). Estamos numa "corda-bamba de interesses em competição" (2023, p. 229).

O dilema, para variar, é político. Na eterna propensão de uma parte da humanidade querer viver do trabalho das maiorias, tivemos a propriedade de outros seres humanos, com a escravidão, o controle do acesso à terra no quadro do feudalismo (e do latifúndio), a propriedade privada das indústrias no capitalismo, e temos hoje a guerra pelo controle da economia imaterial, no que tem sido chamado de modo de produção rentista, ou informacional. Pouco importam os nomes aqui, e sim a compreensão do novo mecanismo: é quem controla as teclas, por assim dizer, que está no poder. E não há, na história da humanidade, exemplo de tal concentração de riqueza nas mãos de tão poucos e com tão pouca contribuição produtiva. As altas tecnologias permitem os mais profundos retrocessos.*

Um bilionário que aplica um modesto bilhão, por exemplo, oriundo das operações de um grande *e-commerce*, em títulos da dívida pública, está enriquecendo ao ritmo de R$ 400 mil ao dia, que se acumulam por reaplicação. É dinheiro dos nossos impostos, que, em vez de servir para construir escolas, pagar melhor os professores e generalizar a inclusão digital, é desviado para ganhos financeiros privados e improdutivos. Antigamente, investimento significava construção de fábricas, de represas, de ferrovias. Hoje, significa rentismo financeiro, mas eles adoram se chamar de "investidores". Sim, é o dinheiro dos nossos impostos que é desviado.** Bem, no nosso currículo escolar ninguém teve uma só aula sobre como funciona esse poderoso eixo estruturante da sociedade, o dinheiro.

Eu recomendaria ver hoje a educação como área cuja função e formas de organização precisam ser repensadas no

---

* Uma sistematização do que enfrentamos pode ser encontrada em meu recente livro *Os desafios da revolução digital* (2025). Disponível em: https://dowbor.org/2024/06/revolucao-digital-uma-sociedade-a-beira-de-rupturas.html. Acesso em: 16 jun. 2025.

** Para as pessoas que acham que não é possível ser tão simples assim uma apropriação indébita, recomendo tirar quinze minutos para entender como funciona o rentismo financeiro: https://dowbor.org/2024/11/entenda-a-economia-em-15-minutos.html. Acesso em: 16 jun. 2025.

quadro da Revolução Digital que está transformando a sociedade. A sala de aula, as mídias sociais que ocupam hoje cerca de cinco horas do dia das nossas crianças nas telinhas, o controle do GAFAM – Google, Apple, Facebook, Amazon, Microsoft –, o gigantesco negócio que se tornou hoje a publicidade, transformada no setor muito mais amplo da *attention industry* que nos invade a cada momento, os filmes na TV que nos alertam regularmente de que contêm "sexo, drogas, violência" (trata-se justamente de maximizar a atenção), a apropriação das nossas informações privadas, as taxas de juros que nos são impostas no quadro do dinheiro imaterial que constitui apenas unidades de informação, o dinheiro que já não está no nosso bolso ou sob o colchão, e sim no *chip* do cartão do banco, tudo isso faz parte dessa Revolução Digital que transforma as nossas vidas. Gera as tragédias da desigualdade, da destruição do meio ambiente, e da angústia e da violência que se generalizam.

Educação? Eu acho que deveríamos ter um pouco menos de Dom João VI, e um pouco mais de compreensão do universo que a nova geração irá enfrentar, e um pouco mais ainda de compreensão, por parte dos adultos, de por que estão tão pobres num país rico. E não se trata apenas de formação para o trabalho: é formação para o mundo real. No plano da organização e das instituições, se trata de articular os diversos subsistemas que lidam com informação e conhecimento. Estamos enfrentando mudanças estruturais.

[PARTE III]

GRAMÁTICA DA HUMANIDADE

KALYNE LIMA,
presidente nacional da Central Única das Favelas (CUFA) e mestra de cultura popular do hip-hop, no 4º Fórum Internacional Senac de Educadores (2023).

“A educação é definitivamente o nosso grande instrumento norteador. A gente vai produzir coisas positivas para a humanidade a partir da educação; não tem outro meio. Então, é preciso ter um olhar muito assertivo sobre quais estratégias desenvolver, sabendo que isso é uma matéria inexata, que não existe um fim para isso. Estaremos sempre em movimento; necessitamos desse movimento para conseguir ter versões melhoradas do que a gente se propõe como sociedade.

[CAPÍTULO 6]

SOBRE ÉTICA, EDUCAÇÃO E INVERDADES FABRICADAS

Eugênio Bucci

DO PRESENTE TEXTO

Fernando José de Almeida

A argumentação é tudo num mundo em que não se comprova nada, apenas se espetacularizam ideias soltas. As fragmentações das informações aos milhões são valorizadas como se elas se tornassem argumentos ou conhecimento pela multitude de seus dados. Informação é diferente de conhecimento.

Eugênio Bucci, participante da 4ª edição do Fórum, em 2023, é doutor na argumentação. Faz isso diariamente – como jornalista e docente que é. A ele não faltam a constância, o rigor e o foco para construir as rendas de seus argumentos. Metáforas, ironias, invectivas, interrogações enfáticas tecem todo o seu texto, amável de ler e provocador de adesões reflexivas.

A ética não se confunde com a moral em sua fala. Moral são as regras resultantes das opções éticas: responde a "como fazer o bem". A ética é mais ampla, pois ela pergunta "o que é o bem?". A pergunta ética é permanente. A moral é a resposta que cada cultura constrói para responder ao como praticar o bem. Por isso, a ética é aprendida, é vivida e refletida. A moral é regulada. Diz assim Bucci: "'Ética vem do berço', é o que se diz à exaustão. Sim, é verdade, ética vem do berço, mas vem também, e igualmente, da escola, do letramento, do convívio com os colegas e com os professores, dos estranhamentos que temos na experiência do mundo. É possível ensinar e aprender essa matéria ao longo de toda a vida. Sem escola, não teríamos tal possibilidade. E, sem esse aprendizado, nada feito".

A ética também se encontra nas mensagens e nas submensagens do jornalismo – e dos meios de comunicação em geral. E aí mora o perigo. Fingir que não fala, falando. Daí a necessidade de órgãos públicos, democráticos e regulatórios, que explicitem os subcaminhos pelos quais a verdade e o bem se difundem. Ou se fantasiam e se distorcem.

Pela gravidade da abrangência do tema na sociedade de massa, Bucci aprofunda sua análise para os meandros mais perversos das *fake news*, "volumes impressionantes, jamais vistos, de mentiras fabricadas. [...] tão grandes que superam toda a capacidade de comunicação do que nós chamamos de jornalismo profissional".

Ler Eugênio Bucci e imaginar a riqueza do tema que ele traz aos educadores é um prazer e um dever para todos nós.

***

As *fake news* são produzidas por engrenagens superindustriais. Seu alcance é difícil de aquilatar e até mesmo de imaginar. As consequências éticas desse fato são de grandes proporções. Quando vivemos em uma ordem social que falsifica em escala gigantesca o relato do mundo, somos envolvidos por uma ruptura de valores morais que é um deslocamento da maior gravidade.

Se buscarmos nos gregos antigos – como é obrigatório fazer –, vemos que ética se aprende e se ensina na escola. Sócrates, Platão, Aristóteles e Epicuro ensinavam Ética normalmente. Parece que nos esquecemos disso, totalmente. "Ética vem do berço", é o que se diz à exaustão. Sim, é verdade, ética vem do berço, mas vem também, e igualmente, da escola, do letramento, do convívio com os colegas e com os professores, dos estranhamentos que temos na experiência do mundo. É possível ensinar e aprender essa matéria ao longo de toda a vida. Sem escola, não teríamos tal possibilidade. E, sem esse aprendizado, nada feito. A Ética nos conduz à verdade, ao conhecimento da verdade.

Aristóteles escreveu bastante sobre isso. O livro mais conhecido que ele nos deixou é *Ética a Nicômaco*, que era o filho dele (apenas a título de nota, não custa lembrar que o pai de Aristóteles também se chamava Nicômaco). O filósofo nos deixou também uma obra que ficou famosa com o seu título em latim, a *Magna moralia* (ou *Grande ética*), além de *Ética a Eudemo*. Há trechos comuns nos três. De toda forma, foi no texto escrito a Nicômaco que ele se alongou. Está falando com a nova geração.

Também aí entendemos a necessidade da verdade, quero dizer, entendemos como a ética tem a ver com a verdade, ou com o compromisso de cada um de não ludibriar seus pares.

Só conhecemos as coisas se temos a possibilidade de acessá-las e descrevê-las para os demais em relatos confiáveis. O que aconteceria se, ao descrever algo a alguém, eu faltasse com a verdade? O que aconteceria se eu relatasse algo que eu sei ser falso? O aconteceria se eu quisesse que o meu relato falso prejudicasse a vida de pessoas ou grupos? O que aconteceria se eu dissesse algo que eu penso ser verdadeiro, mas é falso? É bom pensarmos sobre essas interrogações.

Vivemos em um mundo naufragado em inverdades fabricadas. Atenção: eu não me refiro apenas a atos de indivíduos ou de grupos que faltam com a verdade, mas a um ambiente comunicacional erguido sobre uma técnica altamente desenvolvida que fabrica inverdades em massa. Nem tudo com que nos envolvemos como relato, como os chamados "conteúdos" – eu não gosto dessa expressão –, tem parte com a verdade dos fatos. A grande maioria não tem. E essa grande maioria também não tem parte com a intenção de verdade, ou com a intenção de transparência.

Somos uma sociedade que não sabe mais diferenciar o que é propaganda do que é informação. Eu iria mais longe: eu diria que somos uma sociedade que não sabe mais diferenciar o que é juízo de fato do que é juízo de valor. Muitas das manifestações com as quais nós convivemos, e essas são as dominantes, constroem entendimentos arbitrariamente falsificados. E isso foi se tornando perceptível. Eis aqui um dos principais problemas da educação, sob o recorte da educação midiática.

Neste ponto, vou me permitir uma digressão. Estas minhas palavras nos remetem ao tema da representação, ou seja, as finas telas de linguagem que separam os seres humanos daquilo que seria o mundo real, daquilo que seriam os acontecimentos. As representações que acontecem na linguagem são os constructos que nos permitem ter descrições mais ou menos comuns dos fatos e dos acontecimentos e nos permitem conversar sobre eles. Muitas vezes, essas telas de representação, mais ou menos como vidraças entre os nossos olhos e o mundo, se mostram para nós como espelhos ambíguos, que às vezes nos refletem e, outras vezes, nos deixam ver o exterior, nos deixam ver através da vidraça. Essas telas, quando funcionam como espelhos, entregam a nós uma imagem do que somos, mas uma imagem sempre construída na linguagem. Ela nunca é exata. Essas telas discursivas dizem de nós algumas pequenas mentiras, algumas ilusões, algumas projeções narcísicas.

Também por isso, o que vemos do mundo na linguagem e o que vemos de nós é algo que precisamos observar com desconfiança relativa. Não com desconfiança absoluta, mas relativa. Sobretudo quando falamos uns com os outros, umas com as outras (aqui o feminino é indispensável), nós não temos alternativa: nós precisamos confiar, nem que seja confiar relativamente.

Com isso, volto à ética, para tocar de passagem no tema da imprensa. A ética lida sempre com a confiança. Eis por que o jornalismo é, antes de tudo, uma ética, pois é uma teia de laços de confiança. É preciso que um repórter confie na sua fonte, é preciso que a fonte confie no repórter, é preciso que o repórter confie no editor, e vice-versa, assim como é preciso que o público confie naquela redação. Nessa teia de confiança repousa a grande ética (a *Magna Moralia*) do jornalismo.

Claro que as teias de confiança aparecem na escola também, onde, repito, é preciso ensinar e aprender a Ética. Na escola, onde as teias de confiança ganham suas primeiras construções, por meio das delicadas e eficazes estruturas curriculares.

Retomo agora a minha questão inicial: as falsificações e as fraudes informativas em que estamos mergulhados. Segundo o jornalista Carlos Eduardo Lins da Silva, com quem tenho aprendido muito, a melhor tradução para *fake news* é "notícia fraudulenta". *Fake news* não quer dizer "notícia falsa", mas "notícia fraudulenta": uma notícia que não é uma notícia, mas uma fraude, e que carrega a intenção de falsificar. Ela é propositadamente mentirosa.

Um outro aspecto distintivo das *fake news* é o fato de serem fabricadas, como já adiantei aqui. Elas são confeccionadas no âmbito das plataformas ditas "sociais" (deveríamos chamá-las de plataformas antissociais, como nos avisam há tempos a filósofa Marcia Tiburi e o fotógrafo e colunista Cacalo Kfouri). As notícias fraudulentas não brotam de redações profissionais de jornalistas. As redações erram, às vezes difundem mentiras, mas uma redação de jornal tem um endereço, tem CNPJ. Os jornalistas que nelas trabalham têm nome e CPF, de modo que, se alguma coisa lá está errada, o público pode reclamar, pode pedir reparação, pode pedir direito de resposta, pode ir à Justiça requerendo uma correção ou uma indenização. Assim, essas coisas acabam se corrigindo.

Com as *fake news* e com a desinformação, contudo, é diferente. Você nunca sabe bem de onde elas vêm. A origem é incerta, oculta, dissimulada. É impossível corrigi-las, contestá-las, pedir reparação. Nós não achamos os relatos, as origens desses relatos. Os fundamentos e as referências não estão disponíveis, mas a difusão é acachapante. Foi assim que arrebataram milhões de pessoas para crenças ridículas, mas terrivelmente danosas, como a de que não existe aquecimento global, de que há um vermífugo que previne a covid-19, de que as urnas eletrônicas no Brasil geram fraudes eleitorais ou, ainda, a história de que a Terra é plana.

Se você quiser encontrar a origem dessas maluquices e quiser pedir para alguém corrigir essas assertivas, não conseguirá jamais. Isso é uma das características centrais das *fake news*. Uma segunda característica é a escala. São volumes impressionantes, jamais vistos, de mentiras fabricadas. São volumes tão grandes que superam toda a capacidade de comunicação do que nós chamamos de jornalismo profissional. O mundo das *fake news* fica fora de alcance da crítica, da checagem e das correções.

Nós sabemos que os meios de massa – especialmente a televisão – já apresentavam alguns senões nesse caminho da falsificação. Por exemplo: propaganda de mercadorias voltadas ao público infantil, o uso de crianças em discursos de convencimento, a romantização dos fatos, o direcionamento malicioso da interpretação dos fatos, os preconceitos raciais velados ou naturalizados. Tudo isso já era detectável nos meios de massa e já suscitava a necessidade de uma educação midiática. Hoje, porém, com as mídias digitais, o problema alcançou outra magnitude. A necessidade de educar crianças e adolescentes para o convívio com essas plataformas se tornou mais dramática. A difusão da mentira é muito maior hoje. É muito mais veloz, muito mais eficiente. Da mesma forma, a difusão das barreiras cognitivas que impossibilitam o acesso à verdade factual se intensificou.

A educação nos nossos dias tem que ter olhos para isso. A educação midiática já existe, e há iniciativas meritórias. Mas é preciso reforçar muito. Se pararmos para refletir um pouco, perceberemos que todo o currículo escolar, para crianças e adolescentes, precisa contemplar a dimensão midiática. Seja o ensino de matemática, seja o das ciências da natureza, o das humanidades, o dos saberes mais práticos. Tudo precisa levar em conta o efeito dessa massa impressionante, sem precedentes, na formação dos relatos que adulteram de modo doloso o entendimento do mundo.

Se é verdade que em uma escola nós aprendemos linguagens, precisamos agora entender as linguagens que nos aprisionam.

Vale pena trazer aqui uma passagem muito famosa que aparece n'*A República* de Platão, no Livro VII: o célebre Mito da Caverna. As pessoas não conseguiam ver o mundo; elas viam apenas reflexos e sombras do mundo externo que, entrando pela abertura da caverna, projetavam-se contra a parede. Os cativos da caverna, amarrados com correntes, olhavam para essa parede como se vissem o mundo tal qual ele é. Com essa alegoria, Platão quer estimular seu leitor a buscar o mundo de verdade e superar o nível das representações. Trata-se de uma metáfora poderosa, clássica e muito bonita.

Impressionou-me, tempos atrás, um documentário chamado *Janela da alma*, de 2001, de João Jardim e Walter Carvalho. No filme, o escritor José Saramago dá um depoimento e, em certa passagem, afirma: "O mundo precisou de 2.500 anos para que todo ele entrasse na caverna de Platão". Ele tem razão. Absoluta razão. Somos prisioneiros de uma nova caverna de Platão. Mas, agora, a caverna tem suas paredes revestidas de telas eletrônicas. É como se não tivéssemos mais a possibilidade de tocar as coisas: as imagens digitais se interpuseram entre nós e o mundo. Como se a realidade fosse indesejada, restando espaço apenas ao virtual e às abstrações. Fico chocado quando tenho notícia de que os cirurgiões operam sem olhar para as entranhas do paciente, mas apenas para a tela eletrônica que mostra as entranhas do paciente. Pergunto-me quantos contatos, incisões, análises fisiológicas, experiências, quantas manipulações que sondam e sopesam foram necessárias para que o médico-cirurgião pudesse até operar - sem aparato do toque corporal - com um *joystick*?

Em toda parte, nós estamos intermediados por uma parafernália eletrônica digital. Às vezes, eu vejo uma pessoa se penteando ou se maquiando com a ajuda do celular. Isso me leva a pensar de novo na vidraça da linguagem, agora pelos dispositivos eletrônicos. Às vezes, essa vidraça, ou a tela do celular, é um espelho. Outras vezes, ela é supostamente uma janela para o mundo. Mas sempre, invariavelmente, a imagem que está lá é uma fabricação superindustrial. Estamos de verdade dentro de uma caverna povoada de sombras.

Eu digo: a escola é um dos únicos espaços em que isso pode ser tematizado com perspectiva crítica. Se não tivermos a escola para isso, provavelmente não teremos mais a quem recorrer.

[CAPÍTULO 7]

POR QUE UMA NAÇÃO PRECISA DE UM BOM CURRÍCULO

Graça Machel

DO PRESENTE TEXTO

Fernando José de Almeida

Apresentar Graça Machel me traz a mais subida honra. Na verdade, não conseguiria, nem é propósito da minha tarefa, apresentá-la. Cabe aqui apenas contar, brevissimamente, como trabalhei para uma causa sua, faz mais de 25 anos.

Lá pelo fim da década de 1990, comecei a ser docente e orientador de pesquisas para teses de doutorado em Moçambique, a convite do governo e da Universidade Pedagógica. Engajamo-nos no projeto professores, pesquisadores e gestores educacionais da PUC-SP especializados em Currículo.

Moçambique vinha de encerrar uma guerra entre irmãos que envolvia a libertação do regime colonial, mas também de dezenas de interesses geopolíticos e econômicos de alguns países vizinhos na África e de fora dela.

A pacificação nacional era um enorme desafio.

Samora Machel acabara de estabelecer a democracia possível com eleições gerais para o país. Buscava então Moçambique a sua identidade como nação autônoma e esperançosa ao fim da década de 1990. Graça Machel fora ministra da Educação e iniciou o processo de ampla implantação da educação formal escolar no país.

Foi nesse contexto que nossas confluências se deram: a sua percepção fina de mulher estrategista e política. O projeto de nação passa necessariamente pela educação formal escolar e supõe um projeto de currículo nacional. Tal currículo passa pela formação a longo prazo e de valores que se constroem cuidadosamente com as novas gerações, com profunda formação de professores, com acompanhamento avaliativo dos resultados e necessidades de melhoras, de valorização das culturas locais, tradicionais, e das demandas universalizantes a que os países são expostos. Fizemos, então, uma ampla formação de educadores e pesquisadores curriculistas, mais de cinquenta deles, que hoje já espalharam por todo o território moçambicano, do Rovuma ao Maputo, os valores educativos de constituição de um país autônomo, livre e democrático.

Hoje, todos os cursos de formação e pesquisas educacionais na área de currículo para formação de seus quadros estão nas mãos, nas inteligências, nos sonhos de seus professores e pesquisadores de alto nível.

Graça Machel – participante da 5ª edição do Fórum, em 2024 – está na origem de tudo.

***

Inicio por distinguir o que considero ser educação de qualidade *versus* simplesmente educação. A qualidade pressupõe sistemas de ensino robustos e progressistas. Supõe condições de trabalho para os profissionais da escola e professores bem preparados e motivados. A educação de qualidade pressupõe, ainda, gestores e professores alinhados ao propósito do desenvolvimento integral do aluno, metodologias e ferramentas de ensino avançadas, programas multidisciplinares de desenvolvimento para o aluno e foco em desenvolver indivíduos proativos e protagonistas, bem como a cultura de respeito à diversidade.

Já a simples educação é aquela que, objetivamente, não oferece resultados de aprendizagem relevantes e eficazes. Serve para aumentar as estatísticas, mas não se reflete em conhecimentos e oportunidades iguais para todos. O resultado é o círculo vicioso no qual alunos desmotivados e com baixo rendimento têm menores chances de progredir, principalmente de conquistar melhores oportunidades no mercado de trabalho.

Essa realidade afeta diretamente o desenvolvimento de um Estado, de uma nação, já que a educação de qualidade é fundamental para a formação de cidadãos preparados, competentes e capazes.

Trago esse ponto em primeiro lugar porque as desigualdades estruturais e a falta de oportunidades que observamos nos nossos países estão intrinsecamente ligadas à forma como os sistemas de educação estão estruturados, organizados e administrados. Daí que o primeiro desafio de qualquer nação é assegurar que todos os seus cidadãos tenham acesso à educação de qualidade como ferramenta principal para a promoção da igualdade de oportunidades, de cidadania e de bem-estar social.

O investimento público na educação de qualidade é um dos pilares fundamentais para o desenvolvimento de qualquer nação. Investir na educação de qualidade é mais do que uma escolha estratégica: é um compromisso com a equidade e com a formação de cidadãos capacitados e conscientes, capazes de contribuir para o progresso da sociedade. É um processo que molda não apenas o presente mas também o horizonte de possibilidades de uma nação – isto é, molda o futuro.

A questão de comunidade é a semente que funda a igualdade entre os cidadãos. Ela pavimenta e desenvolve os conhecimentos, capacidades e habilidades que permitem a todos aproveitarem as oportunidades de igualdade de circunstâncias.

Com a educação de qualidade expandida, as oportunidades são ilimitadas para todos os cidadãos, que passam a deter as ferramentas de competitividade que lhes permitem a inserção no meio social e no trabalho.

A educação de qualidade promove a igualdade na diversidade ao criar um ambiente em que todos se respeitam e se aceitam, e as escolas contribuem para a formação de cidadãos mais tolerantes. A educação reduz a estigmatização e a discriminação. A educação inclusiva desafia estereótipos e preconceitos, contribuindo para uma convivência sã entre os cidadãos.

A educação e as escolas, enquanto agentes de socialização e de valores na formação dos jovens, contribuem decisivamente para a paz social. Por meio da educação, os professores devem ajudar os alunos a adquirirem habilidades para a resolução de conflitos. Devem, ainda, reforçar habilidades para uma ação ativa e responsável na sociedade.

A educação deve também ter uma abordagem mais proativa e buscar prevenir os conflitos antecipadamente, ou seja, educar para uma existência pacífica, com base na não violência, na tolerância, na igualdade, no respeito pelas diferenças e na justiça social.

Para transformar a cultura de violência em harmonia social, é necessário promover valores como a tolerância, o diálogo, a solidariedade e a mediação para a resolução de conflitos. Esses valores devem estar presentes no currículo escolar e em todas as relações, em todos os lugares.

A educação é o elemento-chave para a construção da identidade nacional e do sentido de pertença a uma nação, a uma pátria de todos. A educação de qualidade, que assegura oportunidades iguais para todos, elimina, por si só, a discriminação racial, a discriminação na base da classe e elimina também as desigualdades. A educação de qualidade é a mãe da liberdade de pensamento e de escolha, e opera como um passaporte para a igualdade, a cidadania e a emancipação.

A educação não é apenas um direito fundamental de cada cidadão como também desempenha um papel determinante na construção de sociedades mais equitativas e sustentáveis. Pois o acesso igualitário à educação é uma das maneiras mais eficazes de reduzir as disparidades socioeconômicas. Ela oferece oportunidades iguais a todas as camadas da sociedade, independentemente de origem, gênero ou status socioeconômico.

PREPARAR OS CIDADÃOS DO AMANHÃ

Aqui abordo, mais especificamente, a importância da educação para a construção de uma nação no contexto do século XXI. A relação íntima entre o projeto de nação e a organização curricular, a escolha de objetivos, os conteúdos culturais e tecnológicos e as habilidades a serem passadas aos estudantes.

Comecei de propósito por destacar que, em primeiro lugar, qualquer Estado deve investir seriamente na educação de qualidade não só para garantir renda aos cidadãos e alcance de metas de alfabetização como também para corrigir as desigualdades sociais e criar uma atmosfera saudável de convivência entre os diferentes estratos. Esse deve ser o tronco de um currículo que almeja um Estado-nação próspero, democrático, de bem-estar e, acima de tudo, de justiça social.

Olhamos para o Brasil. Dados do Instituto Brasileiro de Geografia e Estatística (IBGE) dizem-nos que, dos mais de 13 milhões de brasileiros que vivem na extrema pobreza, 10 milhões são de cor preta ou parda; 70% das pessoas abaixo da linha da pobreza são negras ou pardas. Apenas 3,6% de brancos são analfabetos, enquanto os negros situam-se em 9%. A taxa de desemprego é maior para os negros, e a diferença salarial é 73,4% superior para os brancos. Pessoas negras e pardas têm menor acesso a emprego, educação, segurança e saneamento.

Em pleno século XXI, é inadmissível que se aceite como normal que uma criança, independentemente da raça, da religião ou da condição social, não usufrua do direito fundamental a uma educação de qualidade. O Brasil é a oitava maior economia do mundo e está à frente da Itália, do Canadá, da Rússia, da Austrália e da Espanha. Por isso, é obrigatório que o Brasil crie as condições e uma educação de qualidade para todos, pois tem condições e capacidade econômica necessárias para isso.

As estatísticas da riqueza do Brasil no mapa do mundo devem ser proporcionais à qualidade e à abertura do sistema de ensino, bem como à criação de oportunidades para todos. Só dessa maneira será possível apontar a transformação social, que significa a mudança estrutural da sociedade a partir da remoção das barreiras sociais, políticas, psicológicas, culturais e econômicas que bloqueiam o alcance a uma sociedade mais justa e igualitária.

É óbvio que essas mudanças não ocorrem por si só. São necessários uma forte vontade política e um compromisso de governos, parlamentos, congressos, partidos políticos, sistema de justiça, sindicatos, organizações sociais e da sociedade em geral.

Vivemos um tempo de minimalismo, amarrados às lógicas do dinheiro, do mercado e das novas tecnologias de informação e comunicação. Fabricam bonecos que substituem a capacidade humana de refletir, de pensar. As crianças não pensam e encurtam a linguagem devido às plataformas sociais de comunicação que lhes são oferecidas, digamos, às cegas.

Que estudante é que nós encontramos hoje nas escolas? São estudantes cada vez mais baseados na internet e que, portanto, têm um quadro de referências completamente diferente daquele dos alunos de vinte anos atrás. Usam português sintético, abreviado, porque se habituaram a usar WhatsApp, SMS, e jogam games. E tudo é reduzido ao mínimo, ao mais simples e mais rápido, impostos por uma uniformização de pensamento. É a ditadura de um modelo que tende a impor-se e a globalizar-se.

Esse contexto difere completamente daquele que experimentamos há quarenta, cinquenta anos. Passamos, obviamente, por enormes desafios naqueles tempos, mas hoje impõem-se à educação outras estruturas, formas de pensar, ensinar, para que ela mantenha a sua relevância na formação de identidade e na transmissão de saberes e valores.

Não existe um currículo mundial da educação ou currículo que vincule todos os países. Os modelos de currículo são elaborados com base em aspectos originais e necessidades de cada Estado. Naturalmente, há aspectos comuns, como as áreas de História Contemporânea, Química, Física, Matemática, etc., mas, se entendermos o currículo como um conjunto de práticas que produzem significado, ele pode ser concebido como um meio para expressar a visão de um Estado e o seu projeto social.

O currículo representa, assim, um conjunto de práticas que proporcionam a produção, a circulação e o consumo de significados no espaço social e que contribuem intensamente para a construção de identidades sociais e culturais. O currículo é, por consequência, um dispositivo de grande efeito no processo de construção da identidade de um cidadão.

Por ser esse instrumento estruturante do projeto de nação, um currículo não deve ser apenas um produto intelectual de especialistas, tecnocratas ou quadros do setor da educação. Um currículo deve resultar de uma ampla auscultação, envolvendo todas as forças vivas da sociedade, para permitir que todos contribuam no projeto de sociedade em construção. Um currículo é concebido para formar pessoas, cidadãos, construtores de um projeto de sociedade. Um Estado-nação em construção tem, para si próprio, um. Não é somente um documento acadêmico apurado nas salas das universidades; é um instrumento que deve estar assente numa base comum que atenda às necessidades e características locais, nacionais, regionais e, obviamente, ao mundo internacional em que nós estamos.

Os alunos que temos nas escolas pertencem a diferentes formações socioculturais, estão inseridos em realidades distintas. A diversidade está presente na linguagem, nos conhecimentos, nos valores, nas vivências e na significação do mundo que cada um faz. O currículo deve absorver esses ingredientes e servir como alforje de preparação de cidadãos do amanhã, que acolham a diversidade em todas as suas formas.

Sabemos que o currículo assenta na realidade e no contexto de hoje, mas um bom currículo deve conter elementos de antecipação e projeção das necessidades do futuro, nos próximos dez a quinze anos, ainda mais num mundo em constante transformação como o que vivemos hoje. Isso remete à ideia de que um currículo não pode ser um documento estático e dogmático, devendo ser revisitado e ajustado às necessidades emergentes sempre que se justificarem, sem com isso colocar em causa sua natureza e sua relevância enquanto uma bússola de médio e longo prazos.

Um outro aspecto que pode contribuir para essa reflexão passa por recentrar a nossa relação com o mundo no valor da pessoa humana, em detrimento da ditadura do dinheiro, do mercado e das tecnologias de informação e comunicação. É preciso voltar ao essencial: aos princípios da família humana, da nossa dignidade enquanto seres humanos, e equilibrar as relações com as ferramentas. A revolução tecnológica retirou a centralidade da pessoa de todos os seus âmbitos. O computador e a internet, que são os emblemas do progresso tecnológico, fornecem materiais ao infinito, mas não educam ao discernimento.

Nas jovens gerações, esses avanços produzem muita dispersão e criam um vazio de valores e de afetos, cujas linguagens e experiências transformam a pessoa apenas num depósito, retirando-lhe o caráter de sujeito de experiências. É urgente repor a pessoa no centro da educação. O dinheiro, o mercado e as tecnologias de informação e comunicação existem para auxiliar o ser humano, e não o contrário. E não podem ser instrumentos de alienação humana. A vida humana não deve ser transformada em objeto de consumo.

Sugiro que se estabeleça um pacto pela educação, em que todas as forças vivas se vejam refletidas. Mesmo em tempos de globalização, os países precisam fortalecer a nação. As escolas devem continuar a promover a solidariedade e a justiça social e a produzir cidadãos comprometidos uns com os outros. É necessário absorver os valores do outro e vê-los como um meio de enriquecimento de nós próprios como pessoas.

REFUNDAR A EXIGÊNCIA HUMANA

No início de 2024, tive o privilégio de participar, com outras personalidades, do Encontro Mundial sobre a Fraternidade Humana, uma iniciativa do papa Francisco. Esse encontro foi na linha daquilo que eu penso e defendo, no sentido de refundar a existência humana. O sofrimento dos outros deve incomodar-nos. A solidariedade entre os homens deve imperar acima de tudo. O encontro defendeu sessões centradas na dignidade da pessoa humana, em relações humanas e atitudes baseadas no princípio da fraternidade, o que, por sua vez, aumenta a liberdade e a igualdade.

O encontro defendeu que a reconstrução da gramática da humanidade inclui direitos, comportamentos e razões, bem como ações práticas que fazem com que sejamos mais humanos.

Nesse contexto, a educação de qualidade não se deve limitar à formação técnico-científica. Deve incluir os valores do humanismo, a solidariedade, a tolerância, o respeito mútuo e a justiça social.

A educação deve nos tornar intolerantes para com as injustiças e as desgraças que afetam os outros. A escola tem um papel essencial na construção de valores. O currículo deve estar alicerçado não apenas na formação do saber fazer mas também reforçar as competências sociais do saber ser e estar: como os indivíduos se relacionam uns com os outros e mantêm a sua autonomia. É essencial encorajar os alunos a estabelecerem metas pessoais, gerirem o seu tempo e recursos de forma eficiente, a agirem com autonomia, gentileza, cortesia nas diferentes relações sociais que estabelecem e respeitarem o outro.

A escola deve fomentar a capacidade de interpretar as realidades para um nível acima da conflitualidade. Precisamos olhar para o futuro com esperança, num compromisso com uma educação integral, que forme os homens para a justiça e a paz. É necessário ajudar as crianças, os adolescentes e os jovens a desenvolverem uma personalidade de paz, de respeito pelo outro, com a força interior de construir o bem comum, mesmo quando isso custa o sacrifício, e, naturalmente, com base no diálogo.

Só dessa forma poderemos construir e alcançar a tão almejada paz mundial. Um currículo de educação formal no contexto do século XXI deve, obrigatoriamente, incluir todos os subsídios que acabo de apresentar como uma sugestão para os debates que se vão seguir.

[OS AUTORES]

Advogada, especialista em Teoria Crítica Racial. Diretora Executiva Adjunta do Fundo Brasil de Direitos Humanos e professora no Insper, onde também é conselheira do Comitê de Diversidade. Membro do Conselho Global da Action Aid Internacional e da Action Aid Brasil. Sua trajetória é ligada a direito e políticas públicas, direitos humanos, organizações da sociedade civil, interseccionalidade, equidade racial e de gênero, diversidade e inclusão.

Crédito: acervo pessoal.

ALLYNE ANDRADE E SILVA

ANDRÉ LEMOS

Crédito: Stela Maris Handa.

Escritor, professor titular da Faculdade de Comunicação da Universidade Federal da Bahia (UFBA), pesquisador do Conselho Nacional de Desenvolvimento Científico e Tecnológico (CNPq) e membro titular da Academia de Ciências da Bahia. É engenheiro mecânico, mestre em Política de Ciência e Tecnologia pelo Instituto Alberto Luiz Coimbra de Pós-Graduação e Pesquisa de Engenharia, da Universidade Federal do Rio de Janeiro (COPPE/UFRJ), e doutor em Sociologia pela Université René Descartes, Paris V, Sorbonne.

Professor titular da Escola de Comunicações e Artes da Universidade de São Paulo (ECA-USP). Foi colunista e articulista em veículos como as revistas *Veja* e *Época* e os jornais *Folha de S.Paulo* e *Jornal do Brasil*. Desde 2008, assina artigos quinzenais para *O Estado de S. Paulo*. Em seu trabalho teórico e acadêmico, tem se concentrado em temas como Imprensa, Comunicação Pública, Ética na Comunicação e nas Organizações, Gestão da Informação, Crítica da Cultura e Indústria do Imaginário.

Crédito: Senado Federal, CC BY 2.0, via Wikimedia Commons.

EUGÊNIO BUCCI

Filósofo, pedagogo e professor de pós-graduação em Educação na Pontifícia Universidade Católica de São Paulo (PUC-SP) com pesquisas no uso das tecnologias na aprendizagem. Foi secretário municipal de Educação de São Paulo. Integra os conselhos do Museu da Língua Portuguesa e do Futebol e é honorário da Academia Paulista de Educação.

Crédito: acervo pessoal.

FERNANDO JOSÉ DE ALMEIDA

GRAÇA MACHEL

Crédito: Fronteiras do Pensamento. CC BY-SA 2.0, via Wikimedia Commons.

Bacharel em Filologia da língua alemã pela Universidade de Lisboa. Foi ministra da Educação e da Cultura no primeiro governo moçambicano, durante cerca de catorze anos. Criou uma organização sem fins lucrativos, a Fundação para o Desenvolvimento da Comunidade. Como reconhecimento do seu trabalho, recebeu a "Medalha Nansen", da Organização das Nações Unidas (ONU), em 1995. É presidente do Conselho de Administração da Universidade da Cidade do Cabo.

JERÁ GUARANI

Crédito: acervo pessoal.

Pedagoga, agricultora, escritora e liderança Guarani *Mbya* da Terra Indígena Tenondé Porã, no extremo sul de São Paulo, onde realiza projetos culturais de fortalecimento da tradição. Foi professora e diretora da Escola Estadual Indígena Gwyra Pepó. Atua como agente ambiental, promovendo a recuperação de sementes tradicionais, bem como de florestas e áreas degradadas.

Economista e professor titular de pós-graduação da PUC-SP. Foi consultor de diversas agências das Nações Unidas, governos e municípios, e de organizações do Sistema S. Autor e coautor de cerca de 45 livros, disponibiliza toda a sua produção intelectual no website dowbor.org.

Crédito: acervo pessoal.

LADISLAU DOWBOR

Professor titular da Faculdade de Filosofia, Letras e Ciências Humanas da Universidade de São Paulo (FFLCH-USP), cientista político, escritor e colunista. Recebeu o Prêmio Jabuti pelo livro *A sociedade contra o social* e foi condecorado com a Ordem Nacional do Mérito Científico e a Ordem de Rio Branco. Atuou como ministro da Educação entre abril e setembro de 2015. Em junho de 2021, foi eleito presidente da Sociedade Brasileira para o Progresso da Ciência (SBPC).

RENATO JANINE RIBEIRO